JN099128

コロナショックの経済学

宮川 努

編著

増原宏明／細谷 圭／細野 薫／落合勝昭／川崎一泰／徳井丞次
権 赫旭／金 榮愨／宮川大介／川上淳之／滝澤美帆／早川英男

著

RIETI
Research Institute of Economy, Trade & Industry, IAA

中央経済社

はじめに
―経済から見たコロナショック―

　2019年12月に新型コロナウイルス感染症（COVID-19）が中国で確認され1年以上が経過した。2021年3月現在検査陽性者数（通常感染者数と呼ばれる）は世界中で1億人を超え，死者も2,500万人を超えている。日本の検査陽性者数は40万人を超え，死者も8,000人を超えて推移している。昨年12月からいくつかの国でワクチンの接種が始まっているが，現時点では，完全な出口が見えたとは言えない状況である。

　本書の公刊が企画されたのは，最初の緊急事態宣言中の昨年5月であった。当初から，新型コロナウイルスの感染拡大が経済にダメージを与えることはわかっていたが，どのようなトピックを取り上げ，どのようなアプローチをとればよいかということについては手探りであった。これは，感染拡大の収束を見通せなかったからである。このため執筆者の方々には，十分な分析期間をとる目的もあって，昨年末の締め切りをお願いしていたが，まさか，締め切り後に2度目の緊急事態宣言が発出される状況になろうとは想像していなかった。

　この結果本書に収録された論文は，新型コロナウイルスの感染拡大が2020年中に経済に与えた影響を中心に書かれている。今年の1月に入り日本の感染拡大は一層の広がりを見せているが，確実に言えることは，感染拡大が長期化すれば，2020年中に新型コロナウイルスが経済に与えた負の影響の構造的部分は拡大し，コロナショック前への回復をイメージすることが一層困難になるということである。

　以下簡単に各章の内容を要約しておこう。**第1章**では，筆者が新型コロナウイルスの感染拡大と経済損失の関係を国際的な比較を中心に概観している（各国，各地域のコロナ対策については，田中・西濵・桂畑・星野［2021］『コロナ禍と世界経済』（（一社）金融財政事情研究会）に詳しい）。日本の場合，平成時代の危機はその後の長期停滞につながることが多かった。この停滞を回避する方向性として，筆者は日本の硬直的な社会制度をより柔軟に変革していく

必要性を述べている。**第2章**は，医療経済学者2名（増原・細谷）による分析である。ここでは2020年における日本の感染状況を概観するとともに，日本の感染症対策がどのような歴史的経緯を持ち，それが今回の感染拡大にどのような制約となっているかを明らかにしている。そして，医療機関の経営状態から新型コロナの患者を受け入れるためには，どの程度の補助が必要かも試算している。今回の感染症の拡大に関しては，初期の段階から SIR モデルによる感染拡大のシミュレーションが注目された，経済学の方でもこのモデルと経済行動を結び付けて感染拡大の抑制と経済への影響を計測する SIR ＋経済モデルが多数公刊されている。**第3章**の細野論文のモデルもその1つである。細野論文は人々が新規感染者数に応じて自発的に自粛の程度を決める「自発的ステイホーム」を取り入れ，素朴な SIR モデルよりも感染の第1波が説明できていることを示している。しかしながら一方でこの自発的ステイホームは，民間消費を中心に経済には負の影響を与える。**第4章**の落合・川崎・徳井・宮川論文は，この消費の減少に加えて輸出の減少による地域面，産業面への波及効果を，地域産業連関表を使って分析したものである。最初の緊急事態宣言中の5月の落ち込みは，消費の落ち込みに輸出の落ち込みが加わり，対前年比10％近い落ち込みがあったが，その後は輸出の回復とともに，消費の落ち込みが負の落ち込みの大部分を占めるようになっている。また都道府県別では輸出依存の大きかった愛知県，三重県，広島県における5月の落ち込みが大きかった。ただ宿泊業の稼働低下の影響だけを取り出すと，沖縄県，長野県，京都府といった観光県への負の影響が目立つ。

　第5章の権・金論文では，韓国のコロナ対策が書かれている。韓国は，台湾，ニュージーランドとともに，経済的損失をできるだけ抑えながら感染者も抑制するという意味で，コロナ対策の優等生とされた。権氏と金氏はこの背景に，韓国経済の輸出依存体質と自営業の多さをあげ，このためプライバシーの保護には目をつぶり，デジタル技術を駆使した徹底した感染者と濃厚接触者の追跡によって感染拡大を防止したと述べている。筆者から見ると，韓国は短期決戦型で感染の抑制に成功したが，2020年冬には再び感染が拡大しており，こうした短期決戦型の資源の集中にも難しさがあるようだ。通常こうした大きなショックの際には企業の倒産が心配される。しかし**第6章**の企業退出に焦点を

あてた宮川（大介）論文では，2020年の段階では，政府の支援策もあり倒産件数は増えていないとしている。代わりに企業の自主的な退出（休廃業・解散）などは前年比20％増になっているとしている。企業倒産とともに，失業の増加もコロナショックで懸念されている。**第7章**の川上論文によれば，コロナショック後失業率は徐々に上昇し，有効求人倍率は徐々に低下を示しているが，雇用支援策の影響や雇用関連指標に遅行性があることからマクロレベルで大きな変化が起きているわけではない。しかし今回のショックでは産業ごとに影響が異なることから，雇用のミスマッチは増える傾向にあり，特に副業率が上昇しているということが報告されている。この労働部門については，働き方の変化も大きく注目された。**第8章**の滝澤論文では，（公財）日本生産性本部が継続的に実施している「働く人の意識調査」を使って，昨年の在宅勤務の推移を調べている。本論文によると，最初の緊急事態宣言以降在宅勤務の比率は徐々に低下しているが，仕事の効率性や満足度は徐々に上昇する傾向にある。今回のコロナショックにおける政策の評価は，依然として感染拡大が止まらないことから難しいが，どの国も巨額の財政支出を伴う支援を行っている点は共通している。**第9章**の早川論文は，こうした財政支出に依存して経済活動を維持していく政策姿勢が，長らく続いた金融政策中心の経済政策からの大きな転換になるのではないかと予想している。そしてその経済政策上の転換が，国家統制でも自由放任主義でもない中道回帰へとつながるのではないかと見ている。

　新型コロナウイルスの感染が始まってから，これまでの日本政府の感染防止策についてはどのように評価できるだろうか。私見では，数か国を除いては各国とも有効な感染防止策を打ち出せていないことから，拡大当初の混乱はやむをえないと考えている。しかし感染拡大後1年たった段階で，医療供給体制やワクチン供給体制の不備が議論される事態は問題だろう。集計されたベッド数は多いが中小の医療機関が多く有効に利用できないといった問題や感染症に対応できる医療従事者が少ないといった問題は，中小企業数が多く人材が不足している日本経済全体の縮図と言え，非常事態とは言え，1年で解決できる力は今の日本にないと判断している。平成時代の「失われた〇〇年」といった議論は，上記のような構造問題を解決しない限り，経済的な損失は大きくなるとい

うことにあったわけだが，令和時代になって，われわれはいま，ワクチン開発にも遅れをとる技術力の低下も合わせて，平成時代に失われ続けてきた経済力や技術力の結果をまざまざと見せつけられているのである。

　2021年は丑年で，この干支の時に日本は大きな危機に見舞われている。確かに1973年の石油危機に始まり，1985年の円高ショック，1997年の日本の金融危機，2009年の世界金融危機と大きな経済危機が起きている。日本は昭和時代の2つの危機を，現在の中国のように前向きに乗り切り，「もはや米国に学ぶものはない」とまで豪語するようになった。しかしながら平成時代は一転して，大きな危機の後に長い停滞が続くようになった。今回の危機を昭和時代のように前向きな構造転換の契機にして欲しいと願うが，一部の政治家が自粛期や緊急事態宣言下で飲み歩く様子を見ると，不良債権が累積する中で，金融機関と監督官庁が夜の会合を続けていた風景を思い出し，あまり希望が持てなくなってしまう。

　本書を出版する企画の際に思い出したのは，その金融危機の際に東洋経済新報社から出版した『失われた10年の真因は何か』で，当時学習院大学の先輩だった岩田規久男先生と共同で編集を担当させていただいた経験だった。本格的に経済学を始めたばかりの筆者にとっては危機時にどのような分析をすればよいかを多くの方々から学ぶ機会を得，かつ筆者自身が「生産性」というテーマを探求していく契機になった。またこのときに座談会の討論者として参加された小林慶一郎氏は，現在新型コロナウイルス感染症対策分科会のメンバーとして活躍されている。たとえ今回の危機からまた新たな長期停滞が始まったとしても，この企画に参加してくれた若い世代の執筆者が，コロナショック後の日本経済の課題に立ち向かってくれることに期待したい。

　その意味で，本書は一般の方々だけでなく，若い学生世代にも読んでいただきたい。本書は，中央経済社の編集者である市田さんから，同社で出版している『日本経済論』の著者を中心に新型コロナと経済について何か書けないかという提案に始まっている。こうした経緯を考えると本書は，『日本経済論』の臨時増刊号のようなものであり，日本経済論の授業の副読本としても利用できるだろう。また先ほど紹介した『失われた10年の真因は何か』は，経済学部の

演習などでよく使用していただいたと聞く。本書は一般の読者や経済学部生には多少背伸びをしなくてはならない箇所もあるが，パンデミックに伴う経済危機を客観的に理解する助けとして使っていただければ幸いである。

　今回の危機がこれまでと違っている点の1つは，感染や人々の行動に関する膨大なデータが提供されていることである。まさに「データ時代」の到来を実感している。その意味では若い大学院生および研究員3人が作成してくれた補助資料のデータ集は，近年のデジタル化にあってはアナログなスタイルかもしれない。しかしパンデミックの年として記憶される2020年に何が起きたか，われわれの分析の背景にある事実関係をコンパクトに知る基礎的な資料として使っていただきたいと思う。

　執筆者の中には遠隔授業の準備で追われるなど忙しい方も多数おられた。われわれはその中で昨年11月のオンラインでの中間報告会を開催し，互いにコメントしあうなどコロナ禍の中でも共通認識を持ちながら執筆を進めてきた。忙しい中ご協力いただいた執筆者，補助資料の作成者の方々に謝意を表したい。

　（独）経済産業研究所からは，本書の一部の章について，より専門的に書かれた部分をディスカッション・ペーパーやポリシー・ディスカッション・ペーパーで公表していただいたことを含め，さまざまなサポートを受けた。理事長の矢野誠氏，所長の森川正之氏に深く感謝したい。また本書の作成過程で，文部科学省科学技術研究費基盤（S）（課題番号：16H06322），基盤研究（B）（課題番号：18H00852）および基盤研究（C）（課題番号：18K01566）の支援を受けたことを記しておきたい。最後に本書の出版を企画された中央経済社の市田由紀子さんの御尽力にも感謝したい。そして感染症と戦うすべての医療従事者への感謝とともに，自粛している多くの人々，自粛によって仕事ができずに苦しんでいる人々（特に飲食業，交通業，宿泊業，旅行業，冠婚葬祭業，エンターテインメント業界の方々）にも，感染防止への協力に対し，同じだけの感謝をして本書を公刊したい。

2021年3月

執筆者を代表して　宮川　努

目　次

宮川 努 第**1**章

コロナショックと日本経済

―日本は危機をどう乗り越えるのか―[1]

2019年末から世界中に広がった新型コロナウイルスの感染拡大について，国際的な比較と経済面への影響を中心に，2020年の経緯を概観する。人口当たりの死者数で見ると，日本は国際的には低く推移している一方で経済的なダメージは大きい。平成時代に日本が直面した危機の経験からすると，感染拡大が落ち着いた後も日本経済は再度長期停滞に陥る可能性が大きい。これを回避するためにより柔軟性の高い経済構造へ転換する必要がある。

疫病（名詞）：古代にあっては，支配者を訓戒するために，
罪のない民草を広く罰したもの
A．ビアス著，郡司利男訳『悪魔の辞典』

1 はじめに

　新型コロナウイルス（以下新型コロナ）の感染拡大，いまわれわれは後世の歴史に間違いなく語り継がれるであろう出来事の只中にいる。本章はこの新たな感染症の発見からほぼ１年が過ぎた2020年12月初めに書かれている。SARS-CoV-2と名付けられたこのウイルスによる感染拡大は，日本だけでなく世界中でなお収束の兆しを見せていない。世界の検査陽性者数が，2021年に入って１億人を超え，いまなお毎日数10万人以上の新たな感染者が発生している。死者数も累計で200万人を超え，致死率は２％に達する。朗報は，ワクチンの開発と接種の開始だがそれが世界中に行き渡るにはなお時間を要するだろう。

　多くの感染症専門家が「厄介なウイルス」と評価する新型コロナそのものについて述べる資格は筆者にはない。ただこの感染症が経済に与えたダメージとそのダメージからの回復の見通しについては，意見を述べることはできそうである。日本は他のアジア諸国と同様，この感染症による人口当たりの死者数は比較的少ないが，経済レベルでは大きく後退した。2020年４－６月期の実質GDPは，東日本大震災が起きた直後の2011年４－６月期とほぼ同じ122兆円である。アベノミクスは，世界金融危機と東日本大震災に伴う経済的ダメージを払拭すべく，異次元の金融緩和を行ったが，それは安倍前首相の在任期間中継続され，これ以上の緩和政策を行ったとしてもその有効性が見通せない領域に入っている。このことはたとえ有効なワクチンの開発によって新型コロナの感染対策に一定の目処がたったとしても，経済面の回復に関しては楽観が許されないことを示している。

　もちろん，本章執筆時点の日本は，感染の第３波の最中であり，大都市の繁華街の飲食店に対して営業時間の短縮要請が出され，Go To トラベルも停止されている。感染の拡大が長期化すればすればするほど経済へのダメージは累積

することは間違いなく，それだけ経済活動が感染前の水準を取り戻すことは難しくなる。

　日本経済はこれまでも多くの危機に見舞われている。それぞれの経済危機に違いはあるが，一方で共通面もある。共通点の1つは，どのような産業，企業の生産過程にも利用される生産要素の利用に制約が加わった場合に広範な経済危機が生じるという点である。1973年，1979年に起きた2度の石油危機は，経済活動に不可欠な生産要素であるエネルギーの供給制約であった。この点は2011年の東日本大震災も同様である。バブルの崩壊に伴う1997年に始まった金融危機は，物的な生産要素ではないものの，生産要素を調達するために必要な資金の制約が経済危機を深化させ，長期化させた。そして今回の危機では，行動制限による労働供給の制約として捉えようとする経済学者も多い[2]。

　本章は，こうした過去の経済危機の特質を踏まえながら，現時点での日本経済の評価をもとに，このコロナショックからの回復プロセスを探る。次節からはまずこれまでの新型コロナの経緯をたどり，2020年9月頃までのデータを使ってこのコロナショックを概観するとともに今後の見通しと日本の経済社会の課題を述べる。

2 ｜ 新型コロナ感染拡大による人的被害と経済面でのダメージ

　2019年末に新型コロナが発見されてから2020年12月までの経緯は巻末の補助資料にまとめられている。これを見ると，緊急事態宣言の発出や突然の首相交代など，新型コロナの感染拡大は，日本の経済社会に大きな影響を及ぼしてきたことがわかる。

　2021年に入り日本の検査陽性者数は，40万人を超え，死者は累計で8,000人を突破した。多くの報道機関は，この感染症による人的被害を検査陽性者（以下感染者）数で捉えている。しかし感染者数は時系列的にも検査数が変動していることや国際的な比較の場合も検査方法などが異なることに注意する必要がある。何よりもこの感染症の場合は，無症状の感染ケースがあるので，感染者数を正確に把握することは難しい。

　したがって国際比較の観点からこの感染症による人的被害を見るには人口当

たりの死者数で考えるのが妥当だろう。これを見ると，日本の人口100万人当たりの死者数が，2020年末の第3波から急増し2021年2月には50人を超えている。しかし人口100万人当たりの死者数が1,000人を突破したイタリア，英国，メキシコ，米国などの欧米，中南米諸国と比べるとはるかに低く，人口100万人当たりの死者数が300人程度（2021年2月現在）の世界平均と比べても下位にある。こうした死者数の多い国々との格差は，欧米で感染が拡大した3月以降変化はない[3]。このため，新型コロナの感染被害だけをとると，新型コロナ対応民間臨時調査会の第1章と同様の評価が続いていると考えられる。

　こうした日本の死者数の低さに対して，アジア諸国と比べると高いではないか，という意見がある。しかし，これは日本の高齢化率の高さ（28.4％）を考えるとやむを得ない側面もある。同じく高齢化率が20％を超えるドイツ，イタリア，フランスなどと比べるとはるかに人的被害は少ない。欧州に比べて高齢者の死亡者が少ない理由の1つとしては，高齢者施設の対応の違いをあげることができるだろう。アベ［2020］は，日本の高齢者施設が，従来のインフルエンザ流行期と同様に外部からの接触を極力避けたことにより初期の感染拡大を防げたことを指摘している。これに対してヨーロッパではロックダウンを強行せず，比較的緩やかな行動規制をとったスウェーデン（高齢化率20.3％）で100万人当たりの死者数が2020年12月に700人に達した背景には，高齢者施設での感染が防げなかったことにあると駐日スウェーデン大使も認めている（ヘーグベリ［2020］）。ただしこのことは，日本政府が意識して高齢者を対象にした対策をとってきたことを意味していない。日本政府が高齢者向けに明確な対策をとったのは，2020年11月の終わりに，65歳以上の高齢者に Go To トラベルの利用を控えるよう要請したときくらいである[4]。

　日本では，たびたび「人命を犠牲にして経済を動かしている」という議論がなされているが，国際的に見た場合これは妥当なのだろうか。新型コロナ対応民間臨時調査会の検証報告第2章では，2020年4－6月期の GDP の減少幅や IMF の2020年の経済予測から，日本のダメージは比較的低く抑えられたと評価している。この評価と同報告の第1章による人的損失を合わせると2020年夏ごろまでの日本の新型コロナに関する損失は死者の面でも経済の面でも国際的な比較の上では厳しくなかったと評価している。

　また日本経済研究センター［2020］は，人口100万人当たりの死亡者数と4－6月期のGDPの低下を潜在成長率からの乖離分をとり両者をスコア化している。この結果最もパフォーマンスが良かったのは台湾で次に韓国が続いている。日本はこの54か国のスコアの中で9位に位置付けられており，やはり比較的人的，経済的被害が少なかった国に位置付けられている。

　日本経済研究センター［2020］と同様に，人口100万人当たりの死者数の増加とGDPの落ち込みについて図示したものが，**図表1-1**である。ここで横軸は，2020年7－9月期GDPの対前年同期比，縦軸は同じ四半期における人口100万人当たりの死者数の増加分の対数値をとっている。対象とした国はOECD諸国とG20に参加している国で，それぞれ四半期のGDPの対前年同期比のデータが得られた国々である。

　図表1-1を見ると，死者数の増加が多い国ほどGDPの減少率が大きい。こ

図表1-1　新型コロナによる人口100万人当たりの死者数の増加とGDPの対前年同期比

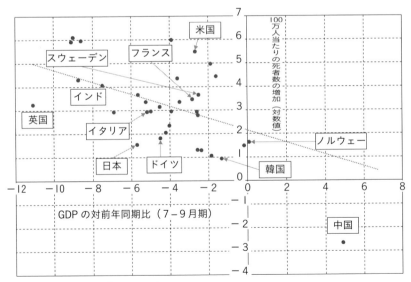

注：相関係数は−0.51（t値は，−3.04）。
出所：各国統計局及びOECD，人口当たりの新型コロナウイルス死者数の推移【国別】。
　　　https://web.sapmed.ac.jp/canmol/coronavirus/death.html

こから予想されるシナリオは，死者数の増加に先立つ新規陽性者数の増加に伴って行動規制が厳しくなり経済活動が低下するというものである。ただOxford Stringency Index で見た行動規制の強度と経済活動には弱い負の相関性しかない。こうした点は第3章の細野論文に見られる自発的行動規制があることを示唆している[5]。

　図表1-1でもう1つ注目されるのは，死者数とGDPの対前年同期比の関係における日本のケースである。日本の場合は，他の国に比べて死者数の増加の割合に比べてGDPの減少率が大きい。この点については2つの解釈ができる。1つは医療機関の努力や国民の感染に対する積極的な防護策によって同じような経済損失でもはるかに死者数の増加が抑制されているという解釈である。例えば7-9月期のGDPについて日本とイタリアはともに対前年同期比−5％台だが，100万人当たりの死者数は桁違いであり，また7月から9月までの増加数も日本の方がはるかに低い。もう1つの解釈は，かなり経済を犠牲にしながら，死者数の増加を抑制しているというものである。例えばノルウェーの7-9月期の死者の増加は，日本とほぼ同じだが，ノルウェーの7-9月期のGDPの対前年同期比は，−0.17％とほぼ前年並みまでに回復している。危機からの日本の緩慢な回復については，後ほど詳しく述べるが，こうした国際比較から，医療機関に多くの負担がかかっている可能性はあるが，経済優先であったとの評価は当たらない。

3 │ コロナショックの分析枠組み

　図表1-1のような関係を見ると，今回のコロナショックは，新型コロナによる犠牲者の増加や行動規制により，労働供給が制約されGDPが低下しているのではないかと考えられる。実際何人かの経済学者は，今回のコロナショックを供給側のショックとして捉えている。もし供給側のショックを，通常の経済学の枠組みに当てはめれば物価の上昇が起きなくてはならない。しかしこれまでのところ，マスクのような個々の衛生用品について品不足や価格の高騰はあったが，多くの財・サービスで物価が上昇する気配はない。したがって，供給サイドの収縮だけでなく需要サイドの減少も起きているため物価の変動が起

きないと解釈できる。

　ただこうした解釈だけでは，新型コロナの感染拡大が一段落した後の経済を見通すには物足りない。そこでここでは，2020年3月に簡単なノートの形で発表された Fornaro and Wolf ［2020］の議論を紹介しておこう。彼らは，今回のコロナショックの状況を**図表 1 - 2**のように説明する。横軸は GDP またはそれに対応する雇用量と考え，縦軸は労働生産性の上昇率である。まず総需要は，実質利子率と将来の予想需要に依存すると考える。標準的な金融政策のルールにしたがえば，実質利子率は名目利子率とインフレ率とそして需給ギャップ（または雇用ギャップ）の関数になる。一方現在から将来にかけての需要の変化率と雇用量の変化率の差が，労働生産性の変化率になるので，これを使って総需要側の関係を整理すると雇用ギャップは名目利子率，インフレ率，そして今期から来期にかけての予想労働生産性変化率に依存することになる。利子率と物価上昇率が所与であれば，図表 1 - 2 のように生産性上昇への期待が高まると雇用や生産が増えることになり右上がりの総需要曲線が描かれる。

　一方労働生産性は，資本蓄積によって上昇する。資本蓄積は総需要の増加によってもたらされるとすると，労働生産性上昇率もまた総需要が増加するにつれて増えるため，図表 1 - 2 のように右上がりの労働生産性曲線を描くことができる。

■ **図表 1 - 2**　Fornaro and Wolf ［2020］の長期停滞論

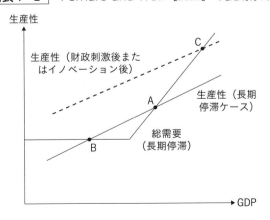

　いま労働生産性曲線の傾きが総需要曲線の傾きよりも小さいとすると，通常は図表１‐２のＡ点で経済は均衡する。しかしながら問題は利子率を低下させる金融政策が不可能な流動性の罠に陥った場合である。このとき総需要曲線における労働生産性とGDP（または雇用）の正の関係は消失し，図表１‐２のように一定の労働生産性上昇率のもとで一定水準以下のGDP（または雇用）が対応するという状況が生まれる。このような状況でもし企業家が将来需要に対して悲観的な見通しを抱いたり，イノベーション力が低下すると，均衡点はＡ点ではなくＢ点になる可能性がある。すなわち将来に対する悲観的な需要見通しは労働生産性を低下させ，労働生産性の低下は将来所得の減少によって総需要の減少をもたらす。総需要の減少は将来のイノベーションを起こすための資源配分を減らすことにつながり，これがさらに労働生産性上昇率に対する将来の見通しを暗くすることになる，つまり悪い均衡としてのＢ点が実現することになる，Ｂ点が厄介なのは，流動性の罠があるため，金利を低下させる景気刺激策により良い均衡への移行を図るという手段が使えず，長期停滞が続くことである。

　Fornaro and Wolf［2020］の枠組みは，2010年代の長期停滞だけでなく，金融緩和の余地がない今回のコロナショックの経済環境にも当てはまる。彼らはこの「長期停滞の罠」から逃れるために２つの対策を提案する。１つは財政拡張政策である。彼らはこの場合民間の生産性を向上させる社会資本の蓄積のようなものを想定している。この場合需要側よりも生産性曲線が上方にシフトし「長期停滞の罠」を脱することができる。２つ目はイノベーションを支援する政策によって，企業家の見通しを改善し，生産性曲線を上方シフトさせることである。第１の手法は短期的であり，第２の手法の補助的な手段として位置づけるべきであると考えてよいだろう。

4 ｜ 長期停滞再来の予感

　それでは，今回のコロナショックは長期停滞再来の引き金となるのだろうか。現時点でその可能性はかなり高い。前節のFornaro and Wolf［2020］では，経営者の将来見通しを長期停滞均衡から脱却する要因の１つに挙げている。こ

れに関して，日本生産性本部が9月に公表した世界の経営幹部に対するアンケート調査で，欧米の経営幹部の4割以上がU字型回復を予想しているのに対し，日本ではL字型を予想している経営幹部が約半数であるという結果を見ると，日本は彼らが述べる長期停滞均衡になる可能性が高い。

　家計の側も悲観的になっている。恒常所得仮説にしたがえば，危機によって将来所得の伸びが低下すると考える家計は，実際に所得が低下するよりも前に消費水準を落とし，貯蓄を増加させて将来に備える。かつて1990年代後半の金融危機にこのようなことが起きたが，今回はそれどころではない，小峰［2020］が指摘したように，2020年4－6月期の貯蓄率は22.6％と前年の貯蓄率を20.1％ポイントも上回る異常な状況となっている。もちろんこうした貯蓄率の上昇の背景には，感染拡大を避けたことによる消費の抑制が大きいと思われるが，将来見通しを悲観して貯蓄を積み増した行動とも解釈できる。

　2020年7－9月期のGDPの回復の鈍さも，悲観的な見通しを裏付ける。すでに図表1-1でも見たが，日本は他国と比べた場合，新型コロナの増加に比して経済的な落ち込みが大きい。この点を**図表1-3**で，欧米主要国との比較でみると，4－6月期における日本のGDPの落ち込みは，欧米主要国が厳しい行動制限措置をとったこともあり，比較的軽微だった。しかし7－9月期になると様相が変わる。行動制限措置を緩めた欧米主要国の経済が急回復したのに対し，日本の7－9月期GDPの対前年同期比は，英国に次ぐマイナスとなっ

図表1-3　危機時のGDPの減少と回復

	新型コロナ危機		世界金融危機	
	2020年4－6月期GDP（対前年同期比，％）	2020年7－9月期GDP（対前年同期比，％）	2009年のGDP成長率（％）	2008年水準へ回復した年
日本	−10.2	−5.7	−5.4	2013
ドイツ	−11.3	−4.5	−5.7	2011
フランス	−18.9	−2.8	−2.8	2011
イタリア	−18.4	−5.2	−5.3	2020年まで2008年水準に達せず
英国	−22.5	−11.1	−4.2	2012
米国	−9.0	−2.7	−2.5	2011

出所：各国統計局。

ている。

　実は，日本の危機からの緩慢な回復は世界金融危機の際にも見られる。図表1－3を見ればわかるように，世界金融危機が起きた翌年の2009年のGDPの落ち込みは，日本がドイツに次いで大きい。世界金融危機の震源地である米国のGDPは日本の落ち込みの約半分である－2.5％に過ぎない。加えて日本の場合はその落ち込みからの回復についても他国に比べ遅れをとっている。債務問題を抱えていたイタリアを除いて，日本が世界金融危機前の水準を超えたのは，最も遅く，リーマンショックから5年後の2013年であった。

　世界金融危機後に日本経済の回復が遅れた理由には2つある。1つは世界金融危機による世界貿易の縮小が，製造業依存度の高い日本とドイツを直撃したことである。同時に，2000年代から競争力を高めてきた中国と韓国が日本やドイツに取って代わったことである。実際に世界金融危機後の2009年における中国や韓国の経済成長率はマイナスになっていない。

　2つ目は日本の場合，ある産業が落ち込んだ際に別の成長産業へ生産要素が移動することで経済の落ち込みを少なくかつ短期間で終わらせるような仕組みになっていない[6]。世界金融危機の際も雇用調整助成金が日本の失業率の上昇を抑える役割を果たしたが，同時に企業は世界金融危機前からの雇用をそのまま抱えることになる。加えて世界金融危機とその後の円高を通して，日本の製造業の国際的な競争力は大きく低下し，中国や韓国の製造業が躍進する中，日本の製造業は世界金融危機前の状況には戻れなくなっていた[7]。このような状況の下で固定的な生産要素を抱えると生産性は低下し，ますます国際競争力が低下するとともに成長産業が拡大しないという悪循環に陥る。日本の2010年代前半は，まさにこの悪循環に陥っていた。

　今回のコロナショックでもこうした悪循環の可能性はある。ただ今回は製造業ではなく，サービス業への影響が大きい。それもサービス業の中でのバラツキがかつてないほど大きくなっている。第3次産業活動指数でみると，運輸業の中で宅配貨物運送業の業況は2020年1月に比べて10％前後増加しているのに対し，航空旅客運送業は，2020年5月は1月対比で何と96％減，緊急事態宣言が解除された6月以降も1月の2割程度の活動しかできていない。同様に生活関連サービス業に属する宿泊業や結婚式場業も，9月に入っても1月比5割程

度の活動状況である。つまり平常通りに経済活動を行っている産業と，一方で産業自体が消滅しかねないほど縮小した産業があるという事態に陥っている。

　もちろんこうした業況のバラツキが短期間で収束し，元の状態への回帰が見込めるのであれば，短期的な業態および雇用の維持政策は有効であると言える。しかしながら，インバウンド需要のように短期間では戻る見込みがない場合は，産業全体のスリム化が必要だろう。今回の新型コロナショックは，通常の経済活動の中での経営判断の失敗とは異なる側面がある。政府は今回のコロナショックで特に業容が悪化した産業については，自然災害と同様に考え，従来の枠組み以上に業態転換や雇用の移動に対して助成策を講じるべきである。

5 ｜ 危機に対応できない硬直的な社会制度

　今回のコロナショックにおける日本社会の対応を見ると，平成時代になぜ日本が長期停滞から脱することができなかったかがよくわかる。十分でないPCR検査数や検疫体制，一貫しない政府の対策などおよそ先進国らしからぬ対応が続いている。日本が教訓とすべき課題は数多くあるが，ここではデジタル化，政府の危機対応，そして医療体制の整備の3点に絞って論じたい。

（1）デジタル化の遅れ

　デジタル化については，今さら論じるまでもないだろう。世界経営開発研究所（International Institute for Management Development）は毎年世界の競争力ランキングを発表しているが，この中のデジタル競争力ランキングで，日本は前年から4つランクを落として2020年のランクは27位となっている。この順位はG7の中ではイタリア（42位）に次いで低い。今回いち早く感染対策をとり初期の時点で感染者数や死者数を抑制した韓国や台湾は，日本より上位（韓国8位，台湾11位）に位置する。こうしたデジタル化の遅れは，当然のことながらビジネスの効率性の低下につながる。実際世界競争力ランキングにおけるビジネス効率性の順位は2010年代を通してランクを落とし続け，2020年には55位となっている。

　今回の新型コロナの感染拡大に関してこのデジタル化が最も遅れているのは

政府であり，デジタル技術を駆使して初期の感染拡大を防いだ台湾や韓国とは対照的であった[8]。これらの国は2000年代に流行したSARS（重症性呼吸器症候群）やMERS（中東呼吸器症候群）対策の反省をもとに感染症の拡大防止策を構築してきた[9]。日本では，上記の感染症の被害が小さかったこともあり，十分な準備をしていなかったようだ。しかし感染症を超えて，平成時代に日本が経験した過去の危機における対応の問題点をまとめると，こうした課題は今回も生かされていないことがわかる（**図表1-4**参照）。

　特に問題点が大きいのは危機の初期時点における情報開示の不足である。バブル崩壊時には，政府が当初不良債権の定義を限定していたため，多くの国民は1990年代を通して不良債権問題の重要性に気づいておらず，結果的に1997年に金融危機が起きてからの不良債権処理はその後の日本経済の低迷に大きな影響を与えることになった。今回もPCR検査の対象者を限定するかのような基準を政府が示したために，国民の間に検査基準に達しない感染者が多数いると

■ 図表1-4　危機における日本政府の対応の問題点

	金融危機	東日本大震災	新型コロナウイルスによる危機
危機になったネットワーク 日本政府の対策の問題点（1）：情報開示の制限	金融システム 当初は，不良債権の定義を狭くし，かつ対象金融機関の範囲も限定的	電力ネットワーク 福島第一原子力発電所の事故を過小評価。炉心溶融を認めたのは，実際に起きてから1か月後	人間を介した取引システム PCR検査の対象を限定したため，全体の感染者数が把握できず。このため行動制限やその解除についても説得的な数値目標を提示できない。
日本政府の対策の問題点（2）：国内資源の活用で解決しようとする		福島原子力発電所の事故の際に当初米軍の助力の申し出を断る	海外製のPCR検査キットや検査手法の採用に対して消極的
日本政府の対策の問題点（3）：適切でない回復策	金融業の構造改革を行うべきところを財政支出の増加で乗り切ろうとした	震災後長期間将来のエネルギー構想を明確に示すことができない	経済社会の様々な側面におけるデジタル化の遅れ

いう不安を招き，緊急事態宣言の発出や解除，Go To トラベルなどの経済活動促進策の際に説得的な基準を提示することができなかったのである。

（2）政府の業務改革

　今回の危機の対応策の反省を踏まえて，政府はデジタル庁を設置し，中央政府，地方自治体一体となったシステムを構築することを目標としている。このこと自体は望ましいことだが，いくつか注文がある。第1は，システムを導入するのであれば最新鋭の段階にあるシステムを採用すべきである。経済発展論では leap flog 型発展というのがある。既存の技術を飛び越えて最新鋭の技術を採用していき技術的進化を遂げる方法である[10]。例えば，通信手段を整備する際に，有線電話網の整備から始めて無線電話網に移行するのではなく，最新の無線電話システムから開始するという考え方である。日本の場合ここまでデジタル化に遅れをとったのだから段階的なキャッチアップという戦略よりも，目標を高く設定したデジタル化を目指すべきである。

　2つ目はデジタル化と同時に，政府の業務体制を変えていくことである。現時点では「ハンコ」の省略が議論されているが，より重要なのは二重行政や重複業務の整理である。またユーザーサイドのニーズに合わせたワンストップサービスの実現である。マイナンバーや法人企業番号の適用範囲を広げ，多くの事務手続きや申請がこれらでまとめて行えるようなシステムを構築すべきである。

　3つ目は情報の開示と分析能力の向上である。デジタル化で政府が情報を集めたとしても，それが今回のコロナショックのような危機の際に有効に利用されなくては意味がない。国民の情報リテラシーの向上と合わせて，説得力のある情報の解釈を伴った情報の開示を行うべきである。

（3）危機に対応できる医療体制

　最後の医療体制の課題に移ろう。10月の終わりから日本でも感染拡大の第3波がやってきた。第3波では高齢者に感染が広がったため，重症化する患者も増え医療体制の逼迫が連日報じられる事態となった。しかし，感染が始まってから半年以上もたった時点で，しかも感染が完全に終息する見込みがなく，多

くの人がこれからも何度かの感染拡大が起きると予想していたにもかかわらず，なぜ十分な医療提供体制が整っていなかったのか。また感染拡大が日本よりもはるかに厳しい欧米主要国で医療崩壊が起きていないにもかかわらず，なぜ人口千人あたりの ICU やベッド数が世界でも最も整っている医療環境にありながら，医療崩壊が議論されるのか。この他にも，政府は PCR 検査体制の拡充，治療薬の早期承認，指定感染症としての新型コロナを 5 類の感染症と同等の扱いにする，などの対策を宣言しているが，実質的な動きになっていない[11]。一方医療提供側からは，政府が感染拡大にもかかわらず Go To 政策を続けることへの強い批判が起きた。感染拡大が長期化するにつれて，医療体制が整うどころか，かえって政府側と医療供給側の溝が顕在化した。

　どちらの対応も平成時代から続く社会の硬直性を引きずっているように見えるが，経済学者の立場からは，一方で十分な休息も取れず，献身的に新型コロナの感染者の治療にあたっておられる医療従事者の方々がいる一方で，普段の患者が来院せず赤字に陥る一般的な開業医も多くなっている問題を重視したい。この点は，経済学からすると豊富な医療資源が有効に活用されていない例として捉えられる[12]。こうしたことから，小林・佐藤・土居［2020］は新型コロナ対応の病床を緊急に増やす助成措置をとるべきだとの緊急提言を行い，鈴木［2020］も都道府県の枠を超えた病床の融通を主張している。医療側は，物理的な施設が整っていても，新型コロナの治療にあたれる医療従事者がいないということだが，そうすると医療側も政府と同程度にこうした感染症の危機への備えが甘かったのではないか[13]。

　懸念されるのは現在米英で始まっている新型コロナに対するワクチン接種を日本で開始する場合の対応である。ワクチンに対する深刻な副反応が出ないことを祈るしかないが，もし副反応が起きた場合，政府は短時間でそれをワクチンの副反応と認めてくれるのだろうか。もしワクチン接種後に深刻な副反応に際して，速やかな補償を行う体制ができていないようであれば，国民はワクチンの接種に対して慎重となり，そのために感染を食い止めることができず結果的に経済の回復に影響が及ぶという可能性もある。今回政府は，雇用調整助成金や持続化給付金も審査機関を短縮して，支援が広い範囲に行き渡るように努力している。ワクチンの副反応のケースもこうした支援策にしたがって対応す

る方針を早めに確定しておく必要がある。

6 ｜ 柔軟な社会における選択肢

　われわれが暮らしている自由主義経済のメリットの1つは柔軟性にある。つまり変化に対して柔軟に経済活動を伸縮させる自由を持っているという点が自由主義経済の利点なのである。しかしながら今回のコロナショックで，われわれの社会は非常に硬直的で，そのことは危機時における対応だけでなく危機後の回復にも相当な影響を及ぼすということを認識した。今後の日本経済を考える上で，自由主義経済が持つ柔軟性の回復は必須であるが，今回のコロナショックで東日本大震災直後にまで経済規模が収縮した日本経済にとってとるべき選択肢は限られている。こうした認識に立って，ここでは今後の日本経済について2つの方向性を提示したい。

　1つは日本経済全体の効率化を推し進め，先進国と呼べるにふさわしい姿に戻すことを目標にすることだ。筆者自身今世紀に入ってからこの方向で日本経済に対して提言を続けてきた。しかしすでに見たように，日本経済の硬直性はさまざまな分野に及び，どこか主要な問題点を解決すれば立ち直るというような状態ではないように見える。こうした硬直性ゆえに日本は世界金融危機の際にはGDPの総額で中国に抜かれ，今回の新型コロナショックでは生産性の分野で韓国を下回ったと考えられる。先ほどあげたデジタル化の順位ではマレーシア以下なのでもはやアジアの中等国の少し上といった状況だろう。

　こうした状況から今世紀初めくらいの位置に日本を戻すには相当な努力が必要だ。それは，これまで前例踏襲の業務に依拠してきたハンコ業界を襲ったような激震が，いろいろな業界で起きることを意味する。徐々に構造改革をすればよいという意見もあるだろうが，そうした「日本的」なスピードを世界は待ってくれないだろう。したがってこの第1の選択肢は，国民の支持も得られにくく，政治的にも困難な選択肢ではないか。

　もう1つの選択肢は，経済の規模や1人当たりのGDPという指標よりも，まずわれわれの生活に必要な財・サービスの安定的な供給は何かということを優先的に考えることである。これは今回の危機に際して，佐々木［2020］や早

川［2020］が言及した宇沢［2000］の社会的共通資本の概念と関係している。

　宇沢［2000］は，社会的共通資本を，市場経済を安定的に運営するための基礎的に提供されるべき財・サービスと定義した。医療は社会的共通資本の中で宇沢氏が最も重視したサービスで，それを安定的に提供できる制度的枠組み，すなわち制度資本の整備が必要であると強調していた。日本の医療・福祉産業の付加価値シェアは，欧米先進国並みだが，人手を必要とする高齢化率を考慮すると十分とは言い難い。こうした準公共財の付加価値は生産要素の金額で計測されることが多いのだが，それを認めた場合でもこのシェアの低さは医療従事者へ支払われる報酬のシェアが欧米に比べて多くはないということを示している。

　もっとも宇沢［2000］は，現行の医療制度を認めたうえで医療分野への重点的な資源配分を主張していたわけではない。彼は繰り返し制度資本のガバナンスを官僚機構に任せることに反対していた。現在新型コロナの感染拡大に際して，先ほども述べたように，政府と医療関係者の間に大きな溝ができている。薬も含めて医療産業は最も規制の強い産業と位置付けられているのに，政府は民間の医療部門への介入ができないということを建前に感染症に関するさまざまな課題に対して正面から応えようとしていない。このように政府が危機において十分な指導力を発揮できないのであれば，これからは宇沢氏が理想的に述べたように医療の専門家が，自らが提供するサービスについて制度設計し，これを国民に提示していくしかないのではないだろうか。

　本章を書き終える時点で，新型コロナの感染拡大は，収束の兆しすらない。おそらくこれからも感染拡大の波がしばらく続くのではないだろうか。今後政府がどのような対策を打ち出すかは不明だが，感染症が山と谷を繰り返す傾向があるとわかった以上，しばらくは経済への刺激と見直しを繰り返す stop and go 政策を繰り返さざるをえないだろう。そうした変更に対して柔軟な制度づくりを構築しておく必要がある。そしてこの感染拡大が一段落した際には，政府自身が，新型コロナ対応・民間臨時調査会でのヒアリングを上回る聞き取り調査を実施し，将来起こりうる危機への備えとすることを期待したい[14]。

┃注┃

1　本章を執筆するにあたって，一橋大学大学院経済学研究科の石川貴幸氏，増原広成氏の助力を得た。また韓国生産性本部の Keun Hee Rhee 氏から韓国の生産性に関するデータの提供を受けた。記して感謝したい。

2　例えば，Baqaee and Fahri［2020］や Papanikolaou and Schmidt［2020］を参照されたい。日本では楡井［2020］もこの議論を紹介している。

3　ここでの死者数は，人口当たりの新型コロナウイルス死者数の推移【国別】（https://web.sapmed.ac.jp/canmol/coronavirus/death.html）からデータをとっている。

4　黒木［2020］も同様の見方をしている。Acemoglu *et al.*［2020］は，早くから高齢者層にターゲットをしぼったロックダウンを主張していた。

5　なお本章で利用した GDP データは，2020年12月時点のものである。ちなみに，行動規制が7−9月期よりも強かった4−6月期もほぼ同じ結果を得ている。またサンプルは少ないが，2020年の GDP 変化率と2020年3月末から12月末までの人口当たり死者数の関係も同様である。

6　もっともこれは常にそうだったわけではない。例えば1985年の円高ショックの場合は，製造業の落ち込みをサービス業の成長で緩和している。これは円高による国民所得の増加が民間消費を刺激したためである。

7　こうした状況をヒステレシス（履歴効果）と呼ぶ。為替レートの急激な変化に伴うヒステレシスについては，宮川［2006］第10章を参照されたい。

8　政府の業務効率化については，すでに宮川［2018］第5章で述べている。

9　韓国の初期の感染症拡大防止策については，第5章の権・金氏の論稿を，台湾の初期の感染防止策に関しては，野嶋［2020］に詳しい。

10　こうした経済発展については，Barro and Sala-i-Martin［2004］を参照されたい。

11　新型コロナウイルスを季節性インフルエンザと同等の扱いにすべきであるとの議論は，杢村［2020］を参照されたい。

12　日本の一般的な医療資源の豊富さとそれが十分に新型コロナウイルスの治療に使われない点については，森田［2020］を参照されたい。

13　今回の感染症に対する医療供給体制については，第2章で詳しく議論されている。

14　内閣府経済社会総合研究所は，バブル崩壊後から金融危機に至るまでの期間，当時政府や金融界で意思決定に携わった人たちに対する膨大なヒアリングを実施し，1冊の本にまとめて公刊している。松島・竹中［2011］を参照されたい。

┃参考文献┃

伊禮塚人・丸山大介・山本大輔［2020］「コロナ対策　早いほど少ない死者と経済損失」日本経済研究センター『経済百葉箱』第154号。https://www.jcer.or.jp/research-report/20201014-3.html

宇沢弘文［2000］『社会的共通資本』岩波新書。

杢村秀樹［2020］「新政権はまず新型コロナ「指定感染症」の解除を」『東洋経済オンライン』9月14日。https://toyokeizai.net/articles/-/374771

黒木登志夫［2020］『新型コロナの科学　パンデミック，そして共生の未来へ』中公新書，中央公論新社。

小林慶一郎・佐藤主光・土居丈朗［2020］「緊急提言：新型コロナ感染急拡大に対応した医療提供体制拡充について」。https://www.tkfd.or.jp/research/detail.php?id=3608

小峰隆夫［2020］「コロナ禍の家計貯蓄に見る衝撃の事実」『週刊東洋経済　経済を見る眼』11月21日号。

佐々木実［2020］「危機に呼び出される宇沢弘文」『週刊エコノミスト』6月2日号。

一般財団法人アジア・パシフィック・イニシアティブ［2020］『新型コロナ対応民間臨時調査会　調査・検証報告書』ディスカヴァー・トゥエンティワン。

鈴木亘［2020］『社会保障と財政の危機』PHP新書。

内閣府経済社会総合研究所企画・監修，松島茂・竹中治堅編集［2011］『日本経済の記録　歴史編　第3巻』佐伯印刷。

楡井誠［2020］「社会的距離・外部性・デジタル技術」小林慶一郎・森川正之編著『コロナ危機の経済学　提言と分析』日本経済新聞出版。

野嶋剛［2020］『なぜ台湾は新型コロナウイルスを防げたのか』扶桑社新書。

早川英男［2020］「コロナショック下の金融と経済（第5回）：ポスト・コロナの経済政策レジームを考える（下）中道回帰への模索」https://www.tkfd.or.jp/research/detail.php?id=3527

宮川努［2006］『長期停滞の経済学—グローバル化と産業構造の変容—』東京大学出版会。

宮川努［2018］『生産性とは何か—日本経済の活力を問いなおす—』ちくま新書。

森田洋之［2020］『日本の医療の不都合な真実—コロナ禍で見えた「世界最高レベルの医療」の裏側—』幻冬舎新書。

ペールエリック・ヘーグベリ［2020］「国民の信頼に支えられるスウェーデンの感染症対策」NIRAオピニオン・ペーパーNo.52，2020年8月。https://www.nira.or.jp/pdf/opinion52.pdf

マルガリータ・エステベス・アベ［2020］「日本の勝因は高齢者施設」『ニューズウィーク日本版』7月21日号。

Acemoglu, Daron, Victor Chermozhukov, Ivan Wening, and Michel Whinston［2020］"A Multi-risk SIR Model with Optimally Targeted Lockdown," *Technical Report*.

Baqaee, David and Emmanuel Fahri［2020］"Nonlinear production Networks with an Application to the COVID-19 Crisis" NBER Working Paper 27281.

Barro and Sala-i-Martin［2004］*Economic Growth second edition*, MIT press.

Fornaro, Luca, and Martin Wolf［2020］"Covid-19 Coronavirus and Macroeconomic Policy," *Barcelona* GSE Working Paper No. 1168.

Papanikolaou, Dimitris, and Lawrence Schmidt［2020］"Working Remotely and the Supply-side Impact of COVID-19," NBER Working Paper 27330.

増原 宏明
細谷 圭

第**2**章

コロナショックと日本の医療体制[1]

　新型コロナはわが国の経済はもちろんこと，医療の供給体制にも大きな影響を及ぼした。本章は，2つのテーマでその問題を概観する。まず，2020年8月末までと11月末までのデータを用いて，感染状況に関する主要な事実を確認する。新型コロナのオープンデータ，モビリティデータ，そして指定統計を組み合わせ，都道府県パネルデータ（日次，週次）を構築し，感染動態への影響と，人々の移動や医療供給体制の逼迫度合いとの関係について分析する。次に，わが国の医療供給体制の限界について実態に即した分析を行う。新型コロナは，重症化した場合に感染症病床ではない ICU と，ICU の人員配置基準を大幅に上回る治療体制を必要とした。医療法と診療報酬によって規定された病床の間隙を突かれたとともに，病院は経営上の困難に直面した。さらに，感染症法と医療計画で構築された防疫体制も，想定外の事態に陥ったが，本章ではこうした問題を包括的に検討する。

1 │ 日本におけるコロナショックの広がり

　2019年12月末，WHO の中国カントリーオフィスに原因不明の肺炎の症例報告が寄せられ，2020年 1 月16日に日本への最初の輸入例が確認された。その後，WHO によるパンデミック（世界的な大流行）宣言がなされ，日本でも 5 月中旬から下旬くらいまでを「感染の第 1 期」とする最初の感染の波（いわゆる第1波）に見舞われた。その後感染は一旦落ち着くものの，次なる波が 6 月下旬頃から生じ始めた。また11月初旬頃から， 3 回目の流行蔓延期に入っている。**図表 2-1**には，確定感染者数を表す PCR 検査陽性者数の日次推移が表されている。

　世界各国で社会的に大きな問題となっているように，今回の新型コロナは健康や医療体制の側面だけでなく経済にも極めて大きな影響を及ぼしている点が特徴である。Fernández-Villaverde and Jones［2020］は GDP の損失で大まかに測った経済的ダメージと感染による死者数の 2 つの評価軸で，いくつかの国，地域（州），都市を**図表 2-2**のように分類している。これは現時点でのいわば国際的な客観評価であり，新型コロナによる影響を総合的に要約したもの

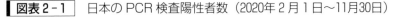

図表 2-1　日本の PCR 検査陽性者数（2020年 2 月 1 日〜11月30日）

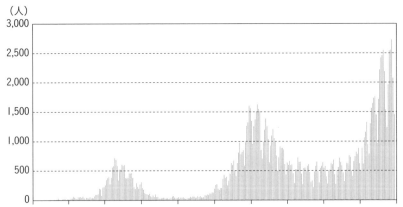

出所：厚生労働省ウェブサイトより筆者作成。

図表２-２　感染死者数と経済的損失の相対的関係

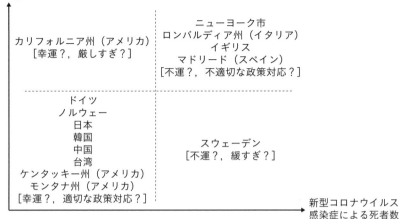

出所：Fernández-Villaverde and Jones［2020］より筆者作成。

とみることができる。

　ニューヨーク市やロンバルディア州は，死者数も多く経済的ダメージも大きいという点で右上方にある。この現状評価が単なる不運なのか誤った政策方針の帰結なのか，といった点は今後検討がなされるだろうが，これらと比較して日本を含め東アジアの国々の状況は比較的ましだということになる。しかしながら，日本に暮らし現在進行で今般のコロナ禍を経験している者からすると，政策的対応が優れていたから感染が抑えられているといった感触は率直にいってほとんどなく，わからないことは未だに多い。したがって本章では，事実の確認を含めて日本の感染状況を多角的に整理し，感染症に対峙する医療供給体制の構造的特徴や問題点について医療経済学的知見に根ざして検討する。

（１）計量分析を通じて確認された基礎的知見

　増原・細谷［2021］で詳述しているが，統計指標の観察やその計量分析から，いくつかの重要な事実が得られている。ここで注目するのは都道府県単位での人口10万人当たりのPCR検査陽性者数（感染者数）である[2]。人口で基準化した感染者の多寡が，どのような地域的要因によって説明され得るかを検討し

ている。可住地人口密度はやはり多くのケースで高い説明力を有していた。これは感染症の特徴を最も端的に表していると考えられる。8月までのデータを対象とした場合，2020年2月末時点の西浦博・北海道大学大学院教授（当時）によるいわゆる西浦予測における諸指標の統計的な関係性が予想される結果となった[3]。すなわち，発症者，入院患者，重症患者の2月29日予測が負で有意となる場合がみられた。現時点での1つの解釈に過ぎないが，患者や重症患者がこれから多く発生する可能性があるという比較的早い時期での情報が報道等を通じて浸透し，結果的に感染者数を抑制することに寄与した可能性があるかもしれない（第3章の細野論文ではこれに関連する動きを「自発的ステイホーム」と呼んでいる）[4]。これに関連して，Watanabe and Yabu [2020] も，日本における新型コロナの蔓延抑止にあたって，人々の行動変容に資する情報提供の重要性を実証的に指摘している[5]。

　また，感染の第1期が完全に終了した6月から，第2期のピークとなる8月まで，累積陽性者数の増加（厳密には増加率の対数値）にどのような要因が影響したのかも検証した。特に注目すべきは，6月末時点での累積陽性者数（対数値）である。推定の結果，この係数は負で有意であり，経済成長論の β 収束性と類似した局面が新型コロナでも確認されたことになる。すなわち，初期時点（6月末）で10万人当たりの累積陽性者数が多い都道府県ほど，その後の増加は抑えられ，倍加する程度であった[6]。西浦予測は，本定式化においても負であり，高い有意性を示した。西浦予測が感染拡大への警鐘としての役割を果たした可能性がある[7]。

（2）感染者数へのモビリティの影響

　先に言及した Fernández-Villaverde and Jones [2020] では，人々のモビリティ（移動）と経済的パフォーマンスとの関係について，世界のいくつかの国や主要都市などを対象とした分析を行っている。モビリティのデータはGoogle が提供している「COVID-19コミュニティモビリティレポート」（Google activity）に依拠しており，ベースラインからの変化率で表される（小売店・娯楽施設，食料品店・薬局，公園，公共交通機関，職場，住宅）。われわれはこのデータを都道府県別に整理し，感染者の陽性確定日のデータとの関係を多

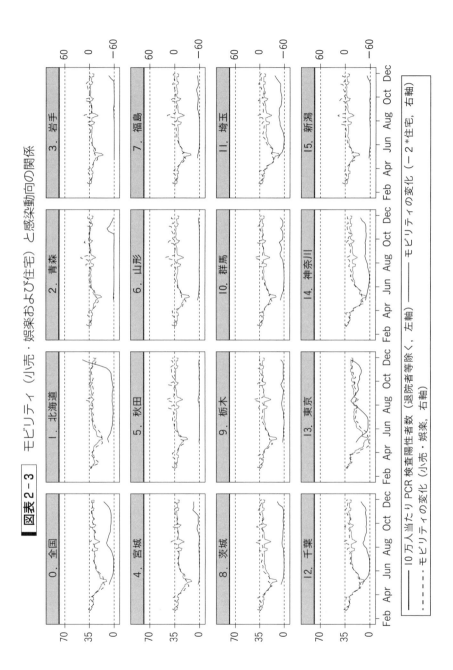

図表 2 – 3　モビリティ（小売・娯楽および住宅）と感染動向の関係

24

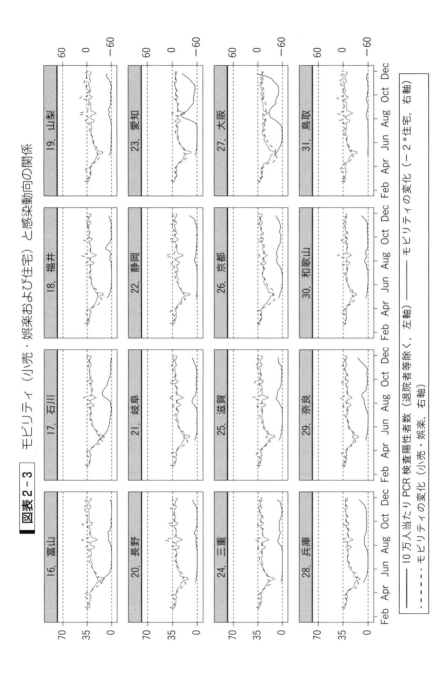

図表 2 - 3　モビリティ（小売・娯楽および住宅）と感染動向の関係

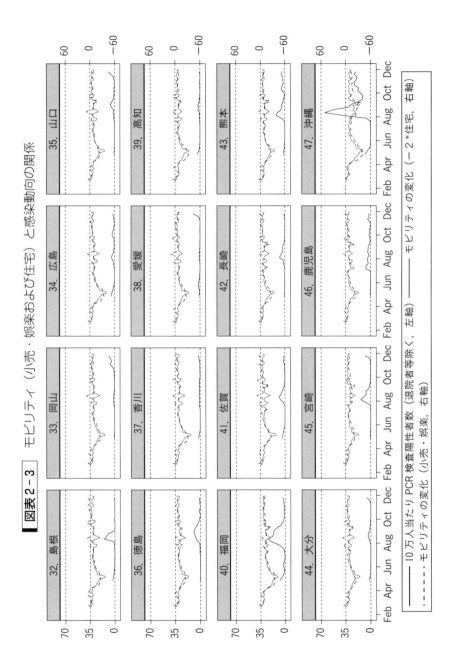

図表 2 − 3　モビリティ（小売・娯楽および住宅）と感染動向の関係

角的に検討しており，ここではそのごく一部を紹介する。どのカテゴリーも興味深い結果を示しているが，ここでは小売・娯楽と住宅滞在の変化（7日間移動平均値）と陽性者数（退院者・死亡者除く）の関係をみておこう。住宅滞在のモビリティは右軸に負値で示されており，下方に振れるほど住宅滞在が増加することを意味している[8]。

　図表2-3において，たとえば東京は特徴的な動きを示している。つまり住宅滞在が増加し小売店・娯楽施設への訪問が減少すると，ラグをともなって感染者が減少するという傾向がみられるのである。地方ではこの種のモビリティの影響はあまりなさそうだが（10万人当たり陽性者数で際立っている沖縄でも，顕著な関係は認められない），人口が集中する大都市を含む都道府県では，ある程度の関係性は確認できそうである。行動の変容にも限度はあると思うが，新型コロナの持続的な抑え込みが確認されるまでは，特に都市部では外出や移動に関する情報提供を頻繁に行い，人々の注意を喚起することは重要である（コストをあまり要しない有効な施策であると考えられる）。

2 ｜ 感染症に対する医療供給体制

　日本がこれまでに経験してきた感染症に関していうと，集中治療室 ICU や人工心肺装置・ECMO（Extracorporeal membrane oxygenation，体外式膜型人工肺）を使うことは少なくとも臨床レベルでは想定外の事態であったと思われる。感染症病床や一般病床と比較して，コメディカルをはじめとした医療資源をより多く投入せざるを得ないのが ICU の特徴である。その最たるものがECMO を使用する場合であることは，しばしば報道等で伝えられた。

　医療供給体制に大きな負荷がかかることになってしまった直接的背景として次のことが挙げられる。

- ●感染者の20％が中等症以上になるといわれ，呼吸不全が認められると高度な医療が行える病院への転院が検討され，さらに重症化すると人工呼吸器や ECMO を使用した治療を余儀なくされることで，病床的にも人員的にも医療機関に大きな負担がかかった。
- ●新型コロナという感染症自体の性質もかなり厄介である。基本再生産数も

実効再生産数も際立って高値を示すわけではないのだが，ひとたび「3密」の状況が形成されると，飲食店や病院，教育現場等におけるクラスター発生の報道などでも明らかなように，現場での感染力はかなり強い。また病院での PC 端末やタブレット端末での間接的接触が感染伝播（院内感染）の原因になっている可能性も指摘されていた。よって医療機関における感染防御は極めて重要な課題となり，現場に大きな負荷をかけた。

（1）新型コロナ患者の入院病床

感染症法によって指定感染症に指定された新型コロナは，一類から五類までのうち SARS や MERS と同じく二類相当と想定され，さまざまな対応や施策がそれを前提に行われてきた。二類であれば原則強制的な措置入院が必要であるが，少なくとも初期の段階である感染の第1期では患者をある程度厳格にコントロールすることを可能とし蔓延防止に役立ったといえる。しかし，症状の程度に極めて大きなばらつき（無症状から要 ICU まで）があるなかで，感染力自体は比較的強く（ゆえに感染者は多数にのぼる），これを皆入院で管理することにはおのずと限界があったと思われる[9]。

未知の感染症であったため初期段階は致し方ないが，二類相当としたことで医療の現場が自らの首を絞めるような格好になっていたことは否定できない（医療崩壊への懸念の高まり）[10]。そこで自宅待機が推奨されたり，民間のホテル等を借り上げたりした宿泊療養施設の活用が遅まきながら開始されたわけである。しかしその後，症状に急激な変化（いわゆるサイトカインストーム）が生じる事例も数多く報告され，また家庭内隔離の困難性もあり，今回の新型コロナに自宅療養で対応する難しさが指摘されるようになった[11]。

（2）重症患者を引き受ける医療供給体制の動態

新型コロナに対しての医療供給体制の逼迫がしばしば指摘されている。われわれは「逼迫度」を公表データから作成した複数の指標で観察を行っているが，ここでは最も基本的なものを示す。重症患者を救命することが新型コロナ対応で最も重視されるべき点であり，これに関連して重症患者が集中治療室をどれだけ占有しているのかを都道府県別にみていこう。ほとんどの自治体で逼迫度

28

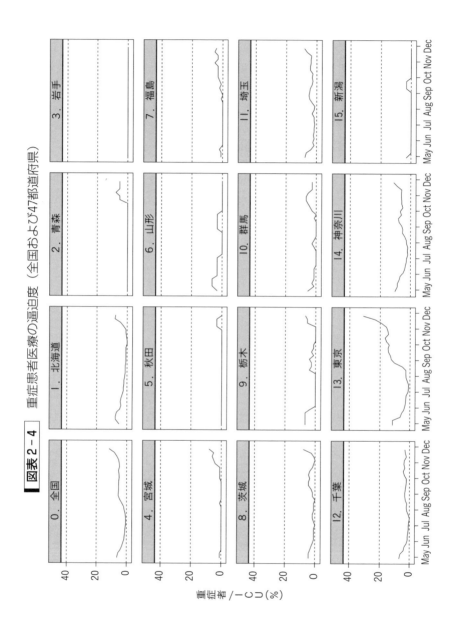

図表 2 - 4　重症患者医療の逼迫度（全国および47都道府県）

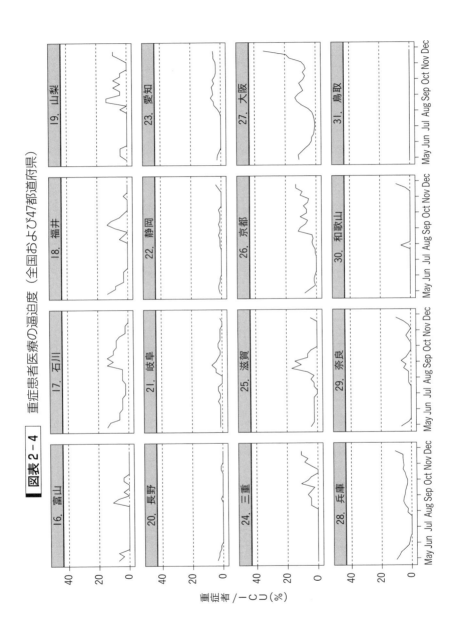

図表 2 − 4　重症患者医療の逼迫度（全国および47都道府県）

30

図表 2－4 重症患者医療の逼迫度（全国および47都道府県）

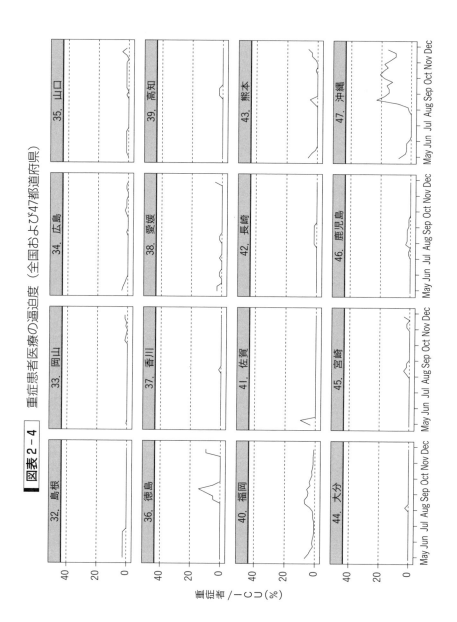

は低水準にあるようにみえるが，注意すべきことは，ICU は他の疾患の患者も当然利用するという点である[12]。かりに10%を警戒ラインとすると，5 〜11 月末の期間でこれを超えたのは東京，神奈川，富山，石川，福井，山梨，三重，滋賀，京都，大阪，兵庫，徳島，佐賀，沖縄である。とりわけ大阪は，11月以降に東京以上に危険な状況にあることがわかる。

　各都道府県は独自の判断基準などを設けながら，住民に感染状況の注意喚起を行っている。先に指摘した，感染の広がりを抑止するための情報の有用性をふまえた場合，ここで示しているような指標の推移についてもタイムリーに情報提供されるべきである。

（3）感染症患者を ICU で診ることを想定できていなかった

　情報が徐々に蓄積されてくると，一部の患者で呼吸器等に重篤な症状を呈し，ICU などで ECMO などを用いた集中的な治療が必要となることがわかってきた[13]。すでに指摘したように，少なくとも日本では，感染症の対応の基本は「隔離」であって，ICU を要する状況は想定されてこなかった（SARS や MERS の影響が軽少で済んだことも背景にあり，この点は中国や韓国などとの違いである）。第 4 節で検討するが，このことのもたらす影響は想像する以上に大きい。以下，ポイントを列挙する。

- ●一般入院病床での治療と比較して，医師，看護師，その他のコメディカルが数倍は必要となる。この問題は，第 4 節で議論する。
- ●モノの不足：マスク（N95），感染防護服・ガウンなどが圧倒的に不足し，人工呼吸器や ECMO の装備数も十分ではなかった。
- ●ヒトの不足：多くの人員が必要となるが，十分な人員態勢ではなかった。通常のスタッフも潤沢ではないが，特に集中治療にすみやかに従事可能な者はさらに限られた（ECMO の管理等も含む）。
- ●現場でのオペレーションにも大きな負荷がかかる。つまり，感染防護服を装着して，ICU で治療・看護にあたることは，どんなに高度な医療を提供する病院であっても不慣れで過酷な作業を強いることになる。

　上述の点に加えて，病床が医療法と診療報酬制度の「狭間」の問題に直面してしまったことを指摘しておかなければならないが，これについては増原・細

谷［2021］の補論Bを参照されたい。

　ここ20年くらいの医療制度改革論議において，供給側の改革ポイントとしてつねに指摘されてきた機能分化（細谷他［2018］）の議論に基づく，コロナショックにおけるかかりつけ医からコロナ対応が可能な病院への円滑な流れ（土居［2020］）は当然検討されるべき問題である（加えて，Acemoglu *et al.*［2020］が指摘している高齢者への対応という論点も今回のコロナ禍では非常に重要である）[14]。しかしながら，現実的な対応としてはこれが困難であるかもしれない。増原・細谷［2021］ではかかりつけ医の問題と，小林・佐藤［2020］による「稼働させない病床」について，別の視点から議論している。

3 ｜ 医療機関の現場と経営状況

　本節では，公表されているデータなどから，新型コロナ対応を迫られる医療機関のオペレーションについて，大まかではあるが具体的に考察し，加えて病院経営の状況についても考察する。

（1）入院対応の状況

　1病床数当たりの看護師数が2を上回るような病院もないわけではないが，1前後が多い。いま実際にある病院の施設人員状況を参照しながら，少し数字を動かしてみる。常勤看護師が700名おり，上に基づき一般病床数が700床，ICUは10床あるとする[15]。1日24時間，患者7名に対して看護師1名が張り付く「7対1看護」が行われる。大雑把に最低限100名の看護師がつねに必要となる（ちなみにICUは「2対1看護」）。看護師のシフトを考える。3交代制に休日を考慮すると，100名×4グループ＝400名の看護師が最低限必要な数である。病棟看護師数には余裕をもたせているはずなので，トータルで450名の病棟担当看護師がいるものと想定する。

　新型コロナの治療でECMOを使用する場合を考えてみる。医師をはじめ多くのコメディカルが必要となることが知られているが，患者1人に対し看護師5名を要するとしよう[16]。このとき，看護師450名÷3交代÷5名＝ECMO装着患者30名となる。通常1つの病院でECMO患者を30名治療することは考え

にくいが（2020年11月末時点で全国の１日当たりECMO装着数の最大値は62名），受け入れキャパシティを計算するための仮想的な推計である。ここで強調しておきたいのは，規模が大きく中核的な病院であっても，看護師数ベースで考えてECMOが必要な患者を30名しか受け入れることができないことである。しかも前提として，看護師は無休で，すべての手術をストップし，新型コロナ以外の入院患者の転院が必要となることはいうまでもない。

　かりに外来もすべて停止して看護師700名全員の総力戦で対応する場合は，700名÷３交代÷５名＝46名が受け入れ最大数である。2020年２月29日に公表された西浦予測に基づくと，重症患者数が46名よりも少ないと予想された都道府県は鳥取県（37名）のみであった。もちろん，現実にある地方自治体を想定した場合，受け入れ病院はこの仮想的病院だけではないだろうが，かなり厳しい闘いを強いられることが予想される。ヒトとモノを最大限投入しても，現在の医療供給体制では適切な医療を提供することは難しいといえる。

（2）新型コロナによる経営の悪化について

　今回の新型コロナの持つ厄介な特徴に起因して，病院経営の深刻な状況が報告されるようになってきた。全国医学部長病院長会議による『平成27年度大学病院経営実態調査』によると，2014年度の国公立大学医学部附属病院の収入の平均額は250億円ほどであった。およそ40％が人件費であり，支出が収入を上回っていることから利益はないという厳しい状況である。この250億円は年間での収入であるから，１か月当たりでは，250億円÷12か月＝21億円となる。コロナ患者の平均在院日数を14日とすると（ECMOnetによると，軽快までの平均日数は14日前後），１か月で各病床を２回転させることができる。

　ここで上の700床を持つ仮想的病院がすべての医療資源を新型コロナ対応に投入すると仮定する。46床×２回転＝92名の治療が計算上は可能となる。１か月の収入のうち，人件費は40％を占めているから21億円×0.4＝8.4億円であり，これを患者数92名で割ると913万円/人となる。つまり，病院の人件費を賄うことが可能となるための１患者当たりでみた医業収益は913万円ということになる。これを平均在院日数で割ると913万円÷14日＝65万円/日を得る。結果的に，コロナ患者の治療以外の収入源を絶たれた仮想的病院は，１日１患者

当たり65万円の診療収入が必要となる[17]。もちろん患者が支払うことは不可能なレベルの金額であるが，そもそも新型コロナは指定感染症なので治療費は公費負担となる。したがって，1日1患者当たり65万円の公費による補助が欠かせないわけであり，重症患者の実際の医療費はこれに医薬品・医療材料代が加わることになる。

　ここでシミュレーションしてきたことは極端な例ではあるが，新型コロナ患者を受け入れる病院の非常に厳しい経営状況の一端を捉えていると思われる。そして，病院経営上の視点のみに限定しても，個別の病院が場当たり的に対処していくことがいかに困難な感染症であるのかを思い知らされてしまう。

　新型コロナの治療の概要を増原・細谷［2021］の補論Fに簡単にまとめた。また，新型コロナの病態と病床区分との関係についても増原・細谷［2021］の補論Gに記述したので参照されたい。

4 ｜ 今後の感染症の流行に備えて

（1）感染症法と保健所の体制および新型コロナの 妥当な指定分類について

　感染症法（1998年）による指定分類で，新型コロナは二類感染症相当であり，保健所を中心にして厳格な管理がなされている[18]。この厳格管理こそが指定感染症になることのメリットとデメリットをもたらす。感染状況の把握が容易になったり（今回は無症状者も多数いることが誤算である），クラスター潰しが容易になったりする反面，感染症指定医療機関に過剰な負荷がかかったり，患者の自由が制限されたり（無症状や軽症で比較的元気な人が入る宿泊療養施設で脱走などが発生）もする。今回はメリットであるはずの患者の把握・管理体制にも問題をきたしている。無症状者の問題は別にしても，その理由として以下のようなことが挙げられる。

　●特に初期の頃は保健所に関係する業務が電話や紙ベース（ファックス）で
　　行われていた。その後クラウドを利用したHER-SYS（ハーシス）が導入
　　されたが，未利用の自治体があるなど，十分に活用されていない。

●保健所業務のキャパシティをはるかに超える感染者が発生した。濃厚接触者の特定・追跡やクラスター対策も加わり，対応に限界があった。

現場ではセンシティブな問題もあり，人の手が必要となる状況があるかもしれないが，そうでない自動化できる部分も少なくない（行政の IT 化が著しく遅れている）。保健所の位置づけは新型コロナを経験して確実に変化するだろうが，業務処理能力を高めるうえで，IT の活用は避けては通れない。

少し乱暴な整理かもしれないが，かつての保健所の大きな任務は，結核患者の発見と隔離であった。近年の再流行もあるが，基本的には結核患者およびその死者数の減少とともに保健所は縮小されてきたといえる。これに関連して，感染症患者の収容は市町村が担ってきたこともあり，病院における感染症対応は脆弱であった[19]。この名残りで，感染症指定病院の多くは市立病院が多い（たとえば横浜市立市民病院は神奈川県で唯一の第一種感染症指定医療機関である）。そもそも「隔離」しか治療方法がなかったため，感染症病床はその歴史的経緯から濃密な治療を想定しておらず，したがって ICU と感染症のリンケージがほぼまったくなされていなかったといえる（参考までに，都道府県の医療計画の実態の事例として長野県のものを増原・細谷［2021］の補論 H に簡単にまとめてある）。

保健所（帰国者・接触者相談センター）は感染症のゲートキーパーの役割を担っているが，多くの課題を抱えており，本格的な流行の始まりからおよそ 9 か月が経過した2020年12月現在でもそれらの根本的な解決は図られていない。また，ワクチンや有効な治療薬（治療方法）が登場してくれば，二類相当となっている現状の想定の変更は必須と思われるが，そこに至るまででも指針が変わることになるようである。多くの無症状者と軽症者を含むかたちで市中感染が蔓延している現況をふまえると，保健所が追跡しなければならない人数規模は急激に拡大してもおかしくはない。よって全数把握に基づく措置入院（療養）を原則としたままでは，保健所業務も病院での入院治療もいま以上に追いつかなくなってしまう。死亡率（致命割合）がこれから極端に高まるようなことがない限りは，迎え撃つ体制も柔軟に考える必要があるだろう[20]。

（2）診療報酬支払制度の再考

　コロナショックが医療の供給サイドに与えた影響は深刻であり，コロナ患者を受け入れた病院もそうでない病院もともに経営上の困難に直面している。繰り返しになるが，新型コロナの厄介な性質がこうした状況を引き起こしている。最前線の医療従事者を支援する取り組みはさまざま考えられるが，まず重要なのは彼らの果たしている役割の重要性を，潜在的な患者である国民はしっかり理解しなければならない。そしてまさにエッセンシャルな働きをしてくれている人々の労に報いるために，診療報酬は適切に支払われなければならない[21]。

　命の危険性のある感染症のパンデミックは非常時の危機管理の問題として捉えるべきであり，診療報酬も特別の働きをする人々のインセンティブが保たれるよう，弾力的な運用が求められる。実際，重症患者を治療する病院への診療報酬は，2020年4月には本来から倍増，5月には3倍に引き上げられた。よってICUの入院料は，1人1日当たり8〜14万円程度だったものが，24〜42万円程度になった（『日本経済新聞』2020年5月26日朝刊）。筆者らの別のシミュレーションでは，ある大規模病院で重症患者に対して看護師3人で対応をした場合の1人1日当たりの費用が30万円プラスアルファと算定された。あくまで金額のみの表面的な話ではあるが，5月の診療報酬の増強は重症のコロナ患者を診る病院にとっては大きな助けとなるだろう。しかしながら，前節の仮想的病院で考えた場合，3倍増でもまだ厳しく，少なくとも5倍程度の増額が必要となる[22]。今後病院経営の実態が個別に詳らかになってくるが，実際の状況に見合った支援を診療報酬の仕組みの中でも行わなければならない。

　この他にも，大学病院関係者からは，コロナ患者を受け入れた病院については診療報酬の全体的な上乗せを求める意見も寄せられている。また，地域による状況の違いを考慮して，全国一律ではなく，地域で異なる診療報酬の引き上げ幅の適用を求める知事もいる。いずれにしても，医療供給側に直接影響を与え得る政策変数の代表格は診療報酬（単価）であり，コロナショックという非常時に対応した弾力的な制度の運用が求められる。これにより医療従事者のインセンティブを維持・喚起することで，結果的として感染症のリスクに直面する国民の健康と福祉が守られることが重要である。

（3）最後に

　今回のコロナ禍を経験し，医療体制やそれを取り巻く環境の大切さを改めて思い知らされた人は多いのではなかろうか。故・宇沢弘文教授が，医療を自身が提唱した社会的共通資本の枠組みのなかで把握されていたことはまさに慧眼である（宇沢・鴨下［2010]）。社会的共通資本（social common capital）では，ある環境やしくみの社会構成員全員にとっての基本的有用性をもって，その重要性が訴求される[23]。一般的には，社会の財産そして共通の財産，という点が注目されるのだろうが，今回はとりわけ最後に付け加えられた「資本」としての医療の存在意義に気づかされた思いがする。医療サービスへの支出などフローの指標は話題に上ることは多いが，緊急時の医療体制は機器や人材も含めて一朝一夕に手に入るものではなく，まさに計画的に蓄積されるべき医療資源ストックなのである。今回の事態を教訓として，頑健なシステム構築が求められる。

　本章執筆時点で，日本そして世界がコロナショックに見舞われて1年が経とうとしている。しかし，わが国の新型コロナに際してのガバナンス体制は，初期の大混乱からいまに至るまで，残念ながら大きく改善したようにはみえない。PCR検査をめぐる対応をはじめ全体として，「専門家会議と国（内閣官房，厚生労働省，経済産業省など)」および「国と地方自治体」，そしてまた「国と臨床現場」のあいだの溝は埋まっていない[24]。アメリカの疾病対策センター（CDC）や韓国の疾病管理本部などを参考に，何らかの司令塔組織が創られることになるのかもしれないが，重要なのはそれを中心とした強固な感染症ガバナンス体制をいかに構築するかである。パンデミック発生のような非常時に，即時に適切に機能する指揮命令系統が必要という点では（もちろん病床確保をはじめとした事前の準備をふまえて），たとえば自衛隊の役割ももっと注目されるべきである[25]。また，感染症ガバナンス体制が機能するような法整備（個人の自由な行動にどれだけ政策的介入が可能か）についても国民的議論が必要である[26]。なぜならそこには，感染症被害と経済被害をともに抑える解が存在する可能性があるからである。

付　録

本章の分析で使用したデータ

データ	データソース
PCR 検査陽性者数（日本）	厚生労働省ウェブサイト（新型コロナウイルス感染症オープンデータ；東洋経済オンライン「新型コロナウイルス国内感染の状況」制作：荻原和樹も使用）および「都道府県別新型コロナウイルス感染者数データ」（ジャッグジャパン株式会社）
各都道府県データ（可住地人口密度，平均気温，昼夜間人口比率）	「統計でみる都道府県のすがた2020」（総務省統計局）
西浦予測（発症，入院，重症）	新型コロナウイルス感染症対策専門家会議資料
新幹線の駅の有無（ダミー変数）	Enpedia「新幹線の駅の数ランキング」
モビリティデータ	Google「COVID-19コミュニティモビリティレポート」
重症者数，ICU 病床数	厚生労働省ウェブサイトおよび厚生労働省「平成30年病床機能報告」

▎注▎

1　本章は紙幅の都合から計量分析の推定結果や図表の多くを割愛している。これらについて関心のある読者は，増原・細谷［2021］を参照されたい。本章の草稿には多くの補論が付加されていたが，これらはすべて増原・細谷［2021］に掲載されている。また実際の推定では複数のデータセットを用いているが，本章で言及したものに限定して付録にまとめてある。なお本章は，独立行政法人経済産業研究所（RIETI）におけるプロジェクト「コロナ危機後の資本蓄積と生産性向上」の成果の一部に基づいている。草稿に対し，矢野誠先生，森川正之先生，深尾京司先生，宮川努先生，川崎一泰先生，ならびに経済産業研究所ポリシー・ディスカッション・ペーパー検討会の方々から多くの有益なコメントをいただいた。ここに記して，感謝の意を表したい。

2　人口当たりの死者数こそが重視すべき指標であるとも考えられる。ただし日本の場合，そもそも死者数は国際的にみて多くはなく，11月末時点で死者数が10名を上回っているのは23都道府県に限られる。したがって計量分析という観点では，少なくとも現時点においては陽性者数での議論が自然である。なお，死者数については，本書末尾の補助資料を参照されたい。

3　西浦予測の概要については，新型コロナウイルス感染症対策専門家会議（第5回）の参考資料1で述べられている。基本再生産数については3つのシナリオが想定されているが，ここで用いられている予測値は $R_0 = 1.7$ としたケースのもので，季節性インフルエンザの

ものより少しだけ高い。なお，西浦予測については，その予測が第 1 回の緊急事態宣言発出の契機の 1 つにもなったことから，その現実妥当性について多くの議論を引き起こしている。

4　ここで説明変数に採用したものは，ラッソ（Lasso）回帰によっても支持されるものがほとんどであった。ただしサンプルが小さいため，交差検証は実施できなかった。

5　情報提供方法の参考になるのは日々の天気予報である。天気予報は人々の行動を毎々かなりの程度変化させる影響力を有している。新型コロナの場合も，少なくともワクチンや特効薬が普及するまでは，人口当たりの陽性者数や死者数，そしてターミナル駅や観光地での人出の情報などは，徹底して報道されるべきであると考える。

6　増加率（対数値）が負であれば，1 人の感染者から 1 人未満にしか感染させず（いわゆる実効再生産数が 1 未満であることに相当），結果的に社会的な感染の広がりは収束する方向に向かう。

7　以前と同様，ラッソ回帰によっても全般的な傾向を確認している。

8　小売・娯楽と比較しやすいよう，住宅滞在のモビリティはマイナス 2 倍している。

9　10 月時点で，感染症法上の指定感染症として可能な措置内容を見直し，入院対象を重症化リスクの高い高齢者らに絞ることが検討されている（判断は都道府県に委ねる）。

10　感染症分類は増原・細谷［2021］の補論 A を参照のこと。二類感染症は，第二種感染症指定医療機関での入院を想定しているが，全国で感染症病床が 1,758 床，結核病床が 3,502 床しかない。さらに，これらの病床は隔離が基本戦略であり，ICU ほど濃密な医療を想定していないことを理解しておく必要がある。

11　病床利用率（24 時時点での在院患者数の占める割合）は，国立大学附属病院の一般病床で 79.3％（2019 年度，厚生労働省「病院報告」），地域医療支援病院で 76.7％（2019 年度）である。24 時時点の在院患者数に当日の退院患者数を足した「病床稼働率」では，国立大学附属病院の一般病床で 86.4％（2018 年度，国立大学附属病院・病院機能指標），私立大学では慶應義塾大学で 88.1％（2019 年度），東海大学で 95％（2018 年度）である。現行の DPC/PDPS の下ではこれを高めることなくして，人件費，医薬品・医療材料費を賄うことのできる医業収益（売上）を上げることは不可能である。病床稼働率を高めるべく，各病院は計画的な入退院管理を実施し，ときには午前退院，午後入院とすることで 100％を超えることもある。また多くの病院では，平日の入退院が基本であるので，病床稼働率が 90％を超えると，平日はほぼ満床という事態となる。新型コロナ患者を引き受けることは，すなわちそれ以外の疾患の潜在的な入院患者に対して待機を強いることとなる。

12　ICU の空床率の公式統計は存在しないが，内閣官房の「新型コロナ感染症対策（https://corona.go.jp/dashboard/#medical-items）」からは，8 ～ 10 月の ICU の空床率は，およそ 3 ～ 4 割である。当該期間に陽性者が増加した沖縄では 2 ～ 3 割である。ただし，新型コロナの患者と他の患者と同室で治療をすることはできないので，数値からみえる余裕があるわけではなく，10％というラインであってもまったく楽観視はできない。ICU は，「平成 30 年度病床機能報告」で報告された値を用いているが，陰圧が完備された ICU の病床数や HCU での治療実態を把握する統計が存在しないので，重症者を治療可能な病床の代理変数として，ICU を用いる。

13　日本 COVID-19 対策 ECMOnet（https://crisis.ecmonet.jp/）では，国内における重症患

者の治療状況が海外の状況とあわせて詳細に報告されている。感染の第1期とそれ以降を比較すると，ECMO および人工呼吸器装着数でみて，重篤な症状を呈する患者数は明らかに異なることが確認できる。

14　なぜこれほどまでに医療制度の改革は進まないのか。その理由の1つは，土居［2020］もふれているように，医療制度を医学的もしくは経済学的観点での制度の良し悪しのみで語ることはできず，日本医師会を巻き込んだ複雑な「政治経済学」の問題となっているからである。これは病床の機能分化の問題にも関係する。地域医療構想のなかでの病床再編において，喫緊の課題となっているのが回復期病床の大幅な不足であるが，これも医師会の理解と協力なくしては事態の好転は実質的に困難である。

15　この事例とは無関係であるが，東京都渋谷区にある日本赤十字社医療センターは，2020年4月時点で一般病床数が701床である。これより，700床のベッドを抱える病院は地域の中核的医療機関であることがわかる（他の近い例として，東京都立墨東病院は一般病床719（感染症病床10），青森県立中央病院は一般病床679（感染症病床5）である）。日赤医療センターの公表情報によると，常勤職員は医師・歯科医師（初期研修医37名含む）278名，看護職（看護師・助産師）1,003名，臨床工学技士23名などとなっている（いずれも2020年4月時点）。地方においては医学部付属病院であっても700床を下回ることがあり，ここでの例は，医療提供体制がかなり恵まれた地域であることはいま一度強調しておきたい。

16　ここでの看護師配置は，自治医科大学附属さいたま医療センターの，ECMO を回す場合には「1対3〜1対4」の看護師配置が必要との記事をもとにし（https://jbpress.ismedia.jp/articles/-/60660），さらに慎重を期した想定としている。また東京医科歯科大学では，重症者には「1対1」を配置したと報告している（https://webronza.asahi.com/national/articles/2020051800003.html?page=1）。いずれにせよ，平時の ICU で想定している「2対1」では十分な治療を行うことはできない。

17　厚生労働省は2020年12月25日に，1床当たり最大1,500万円の補助を行うことを決定した（ただしこれは一時的な補助であり，かりに1か月当たりに直すと50万円/日となる）。またこの決定を受け，1都3県にはさらに450万円を加算した1,950万円に補助を拡大する。したがって，ここでの試算（65万円/日）は妥当性を持つと考えられる。参考までに，偶然の一致ではあると思うが，1日65万円×1か月30日＝1,950万円となる。いずれにしても，12月以前の厚労省の支援は十分なものではなかったが，それなりに妥当な支援が行われるようになってきたことは評価できる。

18　地域医療計画における感染症と保健所の役割については増原・細谷［2021］の補論 H を参照せよ。

19　欧米の病院（hospital）は，基本的に外来診療を行わず，病室も個室化されているため感染症には強いかもしれない。日本の場合は大病院でも外来を行い，病室は4人部屋が標準であり，院内感染のリスクは高い可能性がある。

20　体制整備という観点では医療機関における人材育成も重要であり，これについては増原・細谷［2021］の補論 I でごく簡単にふれている。

21　今回の事態で最初に診療報酬に注目が集まったのは，オンライン診療をめぐっての時だった。

22　1日1病床で65万円であったから，65/14≒4.6となり，これが5倍程度の根拠である。

ただし，われわれの試算は人件費に注目した非常に単純なものであり，他に必要となるであろう諸々のコストは含まれていない。したがって，さらなる増額が必要となることも十分予想できる。

23　社会的共通資本の具体的形態の3類型は，自然環境，社会的インフラストラクチャー，そして制度資本であり，医療は教育や司法などと並んで制度資本に含まれる。

24　専門知を大事にすることは当然だが，未知の事象に対しては専門家の意見も大きく分かれることを十分に認識しておくべきである。したがって，異なる見解にもしっかりと耳を傾け，それを1つの政策へと昇華させる政治的仕組みの構築が不可欠である。

25　自衛隊中央病院は，初期に集団感染が発生したクルーズ船ダイヤモンド・プリンセス号の新型コロナ陽性者を重症者も含めて200名以上受け入れたものの，院内感染を防ぎ，優れたパフォーマンスを発揮した。

26　高齢者施設への適用など，当然ながら局所的適用も視野に入れる必要があるだろう。

▎参考文献▎

Acemoglu, D., V. Chernozhukov, I. Werning and M.D. Whinston［2020］"Optimal Targeted Lockdowns in a Multi-Group SIR Model," NBER Working Paper Series No. 27102.

Fernández-Villaverde, J. and C.I. Jones［2020］"Macroeconomic Outcomes and COVID-19 : A Progress Report," NBER Working Paper Series No. 28004.

Watanabe, T. and T. Yabu［2020］"Japan's Voluntary Lockdown," Covid Economics : Vetted and Real-Time Papers, Issue 46, 1-31.

伊藤邦彦・永田容子・浦川美奈子・加藤誠也［2012］「結核病床の施設整備状況に関する全国アンケート調査」『結核』第87巻第6号，475-480。

宇沢弘文・鴨下重彦編［2010］『社会的共通資本としての医療』東京大学出版会。

厚生労働省　診療の手引き検討委員会［2020］「新型コロナウイルス感染症 COVID-19　診療の手引き（第3版）」（2020年10月15日閲覧）。https://www.mhlw.go.jp/content/000670444.pdf

小林慶一郎・佐藤主光［2020］「コロナ後の経済・社会へのビジョン―ポストコロナ八策」小林慶一郎・森川正之編著『コロナ危機の経済学―提言と分析―』日本経済新聞出版。

土居丈朗［2020］「コロナ危機で露呈した医療の弱点とその克服」小林慶一郎・森川正之編著『コロナ危機の経済学―提言と分析―』日本経済新聞出版。

細谷圭・増原宏明・林行成［2018］『医療経済学15講』新世社。

増原宏明・細谷圭［2021］「コロナショックと日本の医療体制：状況報告と論点整理」RIETIポリシー・ディスカッション・ペーパーシリーズ21-P-003。

細野 薫 │ 第 **3** 章

感染症モデルと経済

―自発的ステイホームの役割―

　感染症の広がりを予測・分析する理論モデルとして，人々を未感染者（S），感染者（I），回復者（R）に分類して，その推移を定式化する SIR モデルがある。本章では，人々が新規感染者数の増減に応じて外出自粛率を変化させるという行動（「自発的ステイホーム」）を SIR モデルに組み込むことにより，モデルによるシミュレーション結果が現実的な感染者数の推移に近づくことを示す。また，外出自粛率が経済活動に及ぶす影響についても分析する。この結果，第 1 波における緊急事態宣言は，感染者割合を約半減できたものの，経済活動には負の影響をもたらしたこと，他方，検査追跡隔離対策の拡充は感染者数を削減させるとともに，外出自粛率の低下を通じて経済活動に正の効果を持つ可能性があることを示す。

1 | SIR モデルとは何か

（1） SIR モデルの概要

　SIR モデルは，感染が時間とともにどのように拡大・終息していくかを示す基本的な疫学モデルの１つである。まず，ある時点において，人々を未感染者（Susceptible），感染者（Infectious），回復者（Recovered，死亡者を含む）に分類する（**図表3-1**）。未感染者は免疫を持っておらず，これから感染の可能性のある人，感染者は現時点で感染している人，回復者は，すでに免疫を持っている人である。

　次に，人々がこの３グループの間をどのように推移するかを定式化する。具体的には，未感染者のうちの一部が感染者に移り，感染者の一部が回復者に移動すると仮定する。したがって，ワクチン接種によって，未感染者が，感染を経ずに免疫を持つ回復者になることはない。このため，この単純なモデルはワクチンが開発し普及する前の感染の推移を記述するものである。また，新型コロナの場合は，いったん免疫ができても必ずしもそれが永続するとは限らず，再感染する可能性もあるようだが，単純なSIRモデルでは，再感染は考慮しない。

　ある単位時間（例えば１日）に，未感染者（S）のうち感染者（I）に移る人数，すなわち新規感染者数は，未感染者と感染者の積に比例すると仮定する。これは，感染が未感染者と感染者の接触によって生じることによる。この比例定数（伝達率）を β とおく。また，感染者のうち，一定の割合（γ）の人々が治癒（あるいは死亡して），回復者（R）になると仮定される。この割合は，

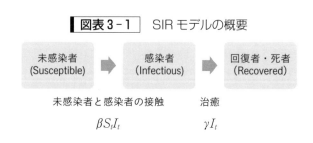

| 図表3-1 | SIR モデルの概要

$$\beta S_t I_t \qquad \gamma I_t$$

ある感染者が回復する確率（回復率）であり，（回復が定常ポワソン過程に従うと仮定すると）平均感染期間の逆数である。感染者の増加数は未感染者の減少数（S → I）と，回復者の増加数（I → R）の差である。

　以下，S，I，R をそれぞれ全人口に対する比率で表す。感染が始まる初期時点では，S はほぼ1（ほぼ全員未感染者）である。したがって，初期時点で1人の感染者は単位時間に β 人を感染させる。平均感染期間は $1/\gamma$ なので，1人の感染者が一生のうちに感染させる人数は平均的には β/γ である。これを，基本再生産数と呼ぶ。感染の拡大とともに，実際の未感染者は1から徐々に減っていくので，1人の感染者が一生のうちに感染させる平均人数は，ある時点では $\left(\dfrac{\beta}{\gamma}\right)S$ となる。これを実効再生産数と呼ぶ。実効再生産数が1を超えていれば感染者は増加し，1を下回れば感染者は減少する。

　通常，$\beta > \gamma$，したがって，基本再生産数は1より大きいと仮定される。この仮定のもとでは，感染の初期には，S は1に近いため，実効再生産数は1を超える。したがって，新規感染者数が回復者の増加数を上回り，感染者数は増加し，未感染者数は減少していく。**図表3-2**では，曲線の右下からスタートし，徐々に左上に移動する。

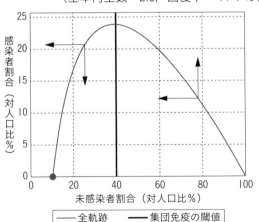

図表3-2　未感染者数と感染者数の推移
（基本再生数＝2.5，回復率＝1／7の例）

出所：Moll [2020] p.10.

　やがて，未感染者数が十分小さくなると，実効再生産数は1を下回り，感染者数は減少に転じる。この変換点，すなわち，感染者の増加率がちょうどゼロになる時点は，社会が集団免疫を獲得した状態と呼ばれる。集団免疫は未感染者数が基本再生産数の逆数に達した時点$\left(S=\dfrac{\gamma}{\beta}\right)$で獲得される。例えば，基本再生産数が2.5の場合，未感染者数が人口の40％にまで減少した時点，すなわち，感染者数と回復者数の合計が60％に達した時点で集団免疫が獲得され，新規感染者数は減少に転じる。図表3-2では，未感染者割合が集団感染の閾値を超えたところで，左下に移動し，最終的に感染者はゼロになる。なお，集団免疫が獲得された後も，新規感染者数は正の値が続くが，新規感染者数以上に回復者が増えるため，感染者は減少する。

（2）SIRモデルによる疫学的対策の効果[1]

　感染拡大を防ぐために，政府は，検査をし，感染者を特定し，その接触者を追跡し，感染者や接触者を隔離する（検査追跡隔離策）。また，外出や営業などの行動制限措置を講じ，マスクや手洗いなどの生活習慣を推奨する。これらの疫学的対策は，SIRモデルでは，どのように表されるだろうか。

　まず，外出規制や外出自粛要請は，すべての人々，すなわち，未感染者，感染者，回復者に，それぞれの接触機会を減らすよう規制，要請するものである。したがって，未感染者も感染者も，それぞれνの割合だけ外出を控え，外出をこれまでの$(1-\nu)$倍にすれば，未感染者と感染者の接触頻度は，$(1-\nu)^2$倍になる。この結果，βは実質的には$(1-\nu)^2\beta$に減少し，実効再生産数も$(1-\nu)^2$倍に減少する。マスクや手洗いも外出抑制と同様の効果を持つ。

　次に，検査追跡隔離策は，感染者を見つけ出して，未感染者との接触機会を減らす措置である。仮に，感染者のうち$(1-\theta)$の割合を隔離できれば，未感染者と感染者の接触頻度はθ倍に減少する。この結果，βは実質的には$\theta\beta$に減少し，実効再生産数もθ倍に減少する。

　このように，疫学的対策はすべて，βあるいは実効再生産数を減らし，感染者の増加率を抑えるものと捉えられる。

2 日本の感染状況と自発的ステイホーム

(1) 日本の感染状況の推移

SIRモデルの枠組みに沿って，日本の感染状況の推移を見てみよう。**図表3 - 3**は，都道府県別の感染者割合等の平均値の推移を示している。2月以降5

図表3 - 3 日本の感染状況（2020年2月8日から9月15日まで）

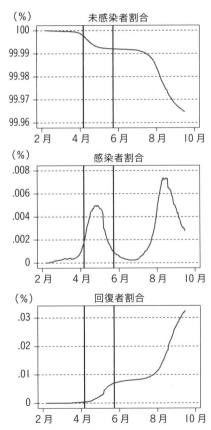

注：都道府県別の各比率の平均値。縦線は緊急事態宣言期間（東京）。
出所：荻原和樹［2020］および総務省「人口統計」（2019年10月1日現在）をもとに，筆者推計。

月までの第1波と6月以降9月までの第2波があることがわかる。感染のピークは，第1波で0.005％（人口10万人当たり5人），第2波で0.007％（同7人）である。

このように，実際には，集団感染が獲得されるはるか前にピークアウトしており，ピークの水準もかなり低い。これには，保健当局におけるクラスター追跡などの検査追跡隔離対策，人々によるマスク，手洗い等の行動変容，緊急事態宣言や各自治体の外出自粛要請や営業時間短縮・休業要請，あるいは，自発的な外出自粛などが総合的に作用したためだと考えられる。ただ，第1波が収まっても，集団免疫が獲得されていないので，海外からの感染した渡航者の流入など，何らかのきっかけがあると，第2波，第3波が生じる。この点は，SIRモデルの予測と整合的である。

（2）自発的ステイホーム

感染を抑えるさまざまな要因のなかで，本章では，人々の外出自粛に着目する。これは，後述するように，外出自粛は経済活動と直結するからである。

図表3-4は，東京都，大阪府，北海道，沖縄県の新規感染者数と外出自粛率の推移を示している。外出自粛率とは，例えばこれが60％なら，これまで外出していた100人のうちで60人が外出せずに自宅のある500m四方で過ごしていることを意味する[2]。これによると，特に第1波では，緊急事態宣言の影響もあるが，新規感染者が増えると外出自粛率も増加する傾向にあることがわかる。第2波では，第1波ほど顕著ではないものの，沖縄県などでは（お盆の時期を除いて）やはり同様の傾向がみられる。

そこで，都道府県別の日次データを，第1波（2月18日から5月31日まで）と第2波（6月1日から9月15日まで）に分割し，それぞれについて，外出自粛率を未感染者変化率（新規感染者割合×（－1）にほぼ等しい），緊急事態宣言ダミー（同宣言期間に1，それ以外にゼロを取る。第1波のみ），お盆ダミー（8月12日から14日に1，それ以外にゼロを取る。第2波のみ）に回帰する。図表3-5は推計結果である。第1波，第2波とも，未感染者変化率の係数は負で，統計的に有意であり，新規感染者が増加すると自粛率が高まることを示している。係数の大きさは，第1波の方が大きく，第1波では未感染者が

図表 3 - 4　新規感染者数と外出自粛率の推移（2020年 2 月 8 日－ 9 月15日）

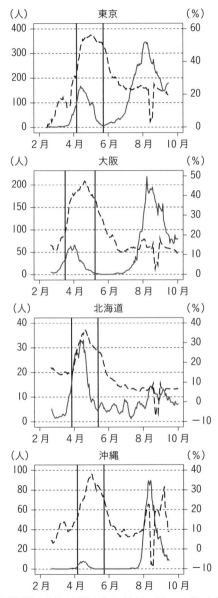

注：実線は新規感染者数（左軸），破線は外出自粛率（右軸，％）。いずれも後方 7 日間移動平均。
出所：新規感染者数は東洋経済オンライン［2020］，外出自粛率は水野［2020］より筆者作成。

図表3-5 外出自粛率の推計結果

	第 1 波	第 2 波
未感染者割合増加率（t−1）	−9,151***	−1,281***
	（−11.80）	（−6.347）
緊急事態宣言期間ダミー	0.140***	
	（59.20）	
お盆期間ダミー		−0.199***
		（−38.77）
観測値数	3,568	4,935
R2	0.658	0.486
都道府県固定効果	あり	あり
曜日ダミー	あり	あり

注1：（　）内はt値。
注2：***は，p値が1％未満を示す。
出所：筆者作成。

0.001pp（％ポイント）減ると（およそ，人口10万人当たり 1 人の新規感染者の増加に相当），自粛率が9.151pp 高まる。また，第 1 波では，緊急事態宣言ダミーの係数も有意に正であり，緊急事態宣言は外出自粛を14pp 高める効果を持った。以下，新規感染者の増加率に反応して変動する外出自粛率を「自発的ステイホーム」と呼ぶこととする[3]。

3 自発的ステイホームと行動制限措置の疫学的・経済学的影響

本節では，第 1 節で概説した単純な SIR モデルに，自発的ステイホームを組み込んだ拡張 SIR モデルを導入し，さらに，新型コロナの感染拡大が外出自粛を通して経済活動に及ぼす影響をモデルに追加する。その後，この拡張モデルを使って，実際の感染者割合の推移をどの程度追えるのか，また，感染拡大が経済活動に及ぼした影響を分析する。

（1）自発的ステイホームを組み込んだ拡張 SIR モデル

図表3-6は，単純な SIR モデルに自発的ステイホームと行動制限等の疫学的対策の効果を組み込んだ拡張 SIR モデルと経済モデルの概要を示す[4]。

図表 3 - 6　拡張 SIR モデルと経済モデルの概要

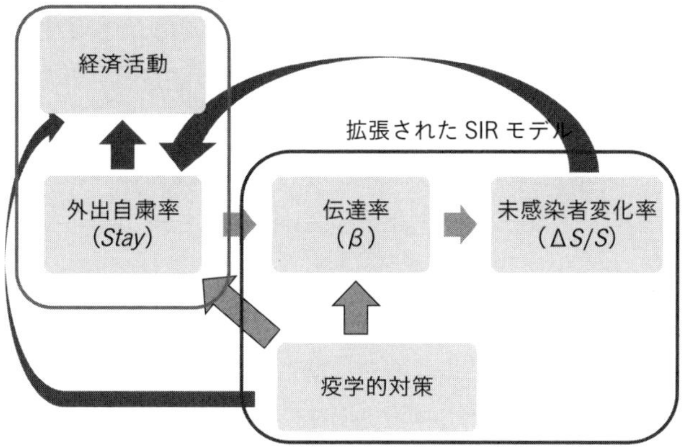

拡張された SIR モデルでは，まず，外出自粛率（Stay）は，未感染者減少率（新規感染者割合とほぼ等しい）と行動制限措置等の疫学的対策によって影響を受けると仮定する。次に，SIR モデルの伝達率 β は外出自粛率と行動制限措置等（例えば休業・営業時間短縮要請等）の影響を受けると仮定する。この結果，β は未感染者減少率と疫学的対策から影響を受けることとなる。すなわち，β_t について，行動制限が課されない場合の値を β_0，未感染者変化率（$\Delta S_t/S_t$）に対する感応度を β_1，行動制限措置等の強さを示す指標を l で表すと，β_t は，

$$\beta_t = (1 - l_t)\beta_o + \beta_1 \frac{\Delta S_t}{S_t},$$

と表される[5]。ここで l_t は，行動制限期間中は l，それ以外の期間は 0 をとる変数である。

（2）経済モデル

新型コロナの感染拡大は，さまざまな経路で経済活動に影響を及ぼす。供給面では，世界中の多くの都市でロックダウンなどの措置がとられるため，グ

ローバルなサプライチェーンが途絶し，部品等の調達が一時的に中断する。また，従業員が感染した企業は，一時的に生産・販売活動の縮小・停止に追い込まれる。需要面では，海外における景気の低迷や海外からの渡航制限は，日本の輸出や訪日観光客需要を減少させる。また，外出自粛は，外食，旅行などの対面を伴うサービスやモノの消費を減少させる。このように，さまざまな経路がありうるが，本章では，特に外出自粛率を通じた影響に着目する。これは，外出自粛率は国内の感染状況や緊急事態制限による行動制限の影響を強く受けることによる。具体的には，経済活動が外出自粛率と緊急事態宣言による行動制限の影響を受けると仮定する。この定式化は誘導形と呼ばれるもので，家計の最適化行動や市場の均衡条件に基づく構造式ではない。誘導形は，政策の変化によってパラメータが変わる可能性があるので，政策効果を見る場合には，この点に注意しなければならない。

（3）拡張 SIR モデルのパラメータ

基本的 SIR モデルのパラメータ（β_0とγ）は，基本再生産数$\left(\dfrac{\beta_0}{\gamma}\right)$と平均感染期間$\left(\dfrac{1}{\gamma}\right)$から求める。ここでは，Moll（2020）に従い，基本再生産数は2.5，平均感染期間は 7 とする。次に，βのうち，未感染者変化率に対する感応度β_1と行動制限措置の強さを示す指標lは，第 1 波，第 2 波それぞれの期間について，以下の手順で求める。

① 都道府県別に，実効再生産数を簡便法により計算し，これを基に，βの推計値を求める[6]。

② ①で求めたβの推計値を，外出自粛率と緊急事態宣言ダミー（第 1 波のみ）に回帰する[7]。

③ 図表 3 - 5 で推計した係数と，②で推計した各係数から，β_1とlを求める。
　こうして求めた値は，$\beta_1 = 2754.451$（第 1 波），81.984（第 2 波），$l = 0.332$（第 1 波のみ）である。

（4）経済モデルのパラメータ

経済活動の指標としては，都道府県別百貨店・スーパー既存店売上高前年同月比（経済産業省「商業動態統計」。以下，「スーパー等売上高」と呼ぶ）を用

い，これを外出自粛率と緊急事態宣言期間ダミーに回帰する[8]。推計期間は第1波が1月から5月，第2波が6月から8月である。

図表3-7 スーパー等売上高と外出自粛率の推移（いずれも都道府県平均）

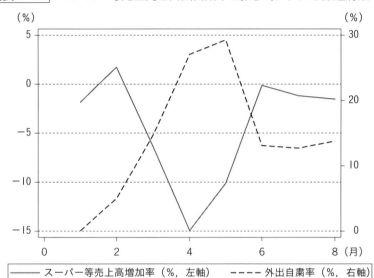

出所：スーパー等売上高増加率は経済産業省「商業動態統計」，外出自粛率は水野［2020］より筆者作成。

図表3-8 スーパー等売上高の推計結果

	第1波	第2波
外出自粛率	−0.253***	−0.388***
	(−4.146)	(−2.991)
緊急事態宣言期間ダミー	−0.105***	
	(−3.666)	
定数	−0.00319	0.0417**
	(−0.533)	(2.424)
観測値数	235	141
R2	0.594	0.088
都道府県固定効果	あり	あり

注1：（ ）内は，t値。
注2：***，**はそれぞれ，p値が1％未満，5％未満を示す。
出所：筆者作成。

　図表3-7は，スーパー等売上高と外出自粛率（いずれも都道府県平均）との推移を描いたものであり，両者の間に負の相関があることがわかる。推計結果（**図表3-8**）を見ると，第1波，第2波ともに外出自粛率の係数は負で有意であり，第1波では，緊急事態宣言ダミーの係数も負で有意である。以下，図表3-8の係数をモデルのパラメータに用いる。

（5）自発的ステイホームが感染と経済活動に及ぼす影響

　自発的ステイホームと緊急事態宣言による行動制限が感染と経済活動に及ぼす影響を見るために，特に自発的ステイホームの傾向が顕著に見られた第1波に関して，

　A．ベンチマーク（自発的ステイホーム，行動制限いずれもなし：$\beta_1 = l = 0$）

　B．行動制限のみ（$\beta_1 = 0$, $l = 0.332$）

　C．自発的ステイホームのみ（$\beta_1 = 2754.451$, $l = 0$）

　D．自発的ステイホームと行動制限（$\beta_1 = 2754.451$, $l = 0.332$）

の4パターンのシミュレーションを行う[9]。初期時点は，3月17日の都道府県平均値にセットする。具体的には，感染者割合（$I = 4.28 \times 10^{-6}$），未感染者割合（$S = 1 - I$），回復者割合（$R = 0$）である。また，行動制限の期間は東京都の場合に合わせて，22日目から68日目までの47日間とする。

①　ベンチマーク（自発的ステイホーム，行動制限なし）

　まず，**図表3-9**でベンチマークの結果を見ると，感染者割合は63日後にピークの23.9％にまで達する。この時点で，集団免疫が獲得され，累積感染者割合（100％－未感染者割合（％））は，60％に達している。その後，感染者割合は急速に減少に転じる。自発的ステイホームも行動制限もないので，ステイホーム割合はゼロ，したがって，経済活動への影響もゼロである。

②　行動制限のみ

　次に，**図表3-10**で行動制限のみの結果をみると，感染者割合は行動制限期間中は抑制されているものの，解除後は再び増加し，89日後にピークの22.4％にまで達する。ベンチマークの結果と比較すると，感染者割合のピークを先延

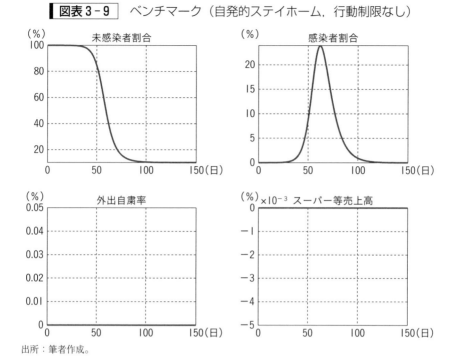

図表3-9　ベンチマーク（自発的ステイホーム，行動制限なし）

出所：筆者作成。

ばしする効果があるものの，ピーク時の感染者割合はほぼ同じ水準である。また，先延ばしできる日数（26日間）は，行動制限下の期間（47日間）に比べて短い。行動制限による外出自粛は，当該期間のスーパー等売上高を14％低下させる。

③　自発的ステイホームのみ

　図表3-11は，自発的ステイホームのみを考慮したシミュレーション結果である。感染者割合は99日後にピークの0.05％に達する。ベンチマークや行動制限のみの場合と比べると，ピーク時の感染者割合は，極めて小さい。ただし，その後の減少スピードは緩慢である。これは，新規感染者数の減少とともに，自発的ステイホームも減少することによる。スーパー等売上高は感染者割合のピーク時において17.9％低下し，その後の回復は緩慢である。

56

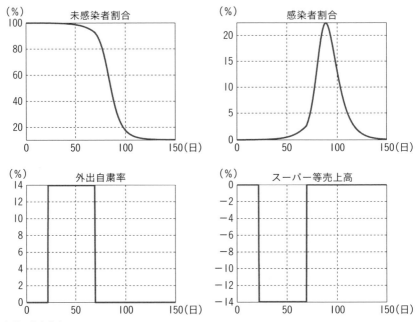

出所：筆者作成。

④ 行動制限と自発的ステイホーム

　行動制限と自発的ステイホームを考慮したケースDについては，図は割愛するが，ピーク時の感染者割合はケースCとほぼ同じ水準（0.05％）となる。一方，ピークに達するタイミングはかなり遅い（142日後）。スーパー等売上高の減少率は，行動制限最終日にピークの21.9％に達する。

　図表3-12は，感染者割合のピークと4，5月のスーパー等売上高について，各ケースと実際のデータ（都道府県平均）を比較したものである。感染者割合については，自発的ステイホームを導入したケースC，Dでは導入しなかったケースA，Bと比べて，かなり実際のデータに近づいていることがわかる。ただそれでも実際の感染者割合のピークの10倍程度ある。この差は，保健当局による検査・追跡・隔離（クラスター追跡等）や外出自粛以外の自発的行動変容（マスク着用等）の効果と，感染者割合の測定誤差によるものと考えられる。

図表 3 -11　自発的ステイホームのみ

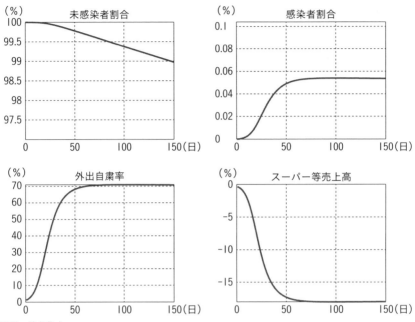

出所：筆者作成。

図表 3 -12　各シミュレーションの感染者割合のピークとスーパー等売上高

ケース	感染者割合のピーク （ピークまでの日数）	スーパー等売上高（％） 4 月	5 月
A. ベンチマーク	23.9% （63日）	0.0	0.0
B. 緊急事態宣言のみ	22.4% （89日）	−10.3	−11.6
C. 自発的ステイホームのみ	0.05% （99日）	−12.1	−17.6
D. 緊急事態宣言・自発的ステイホーム	0.05% （142日）	−17.2	−20.2
実際の都道府県平均	0.005% （40日）	−14.9	−10.1

注：実際の都道府県平均がピークをつけるのは 4 月26日で，最初の回復者が出た 3 月18日から40日目。
出所：筆者作成。

4 | 行動制限と検査追跡隔離の疫学的・経済的効果

（1）緊急事態宣言による行動制限の効果

　図表3-13は，緊急事態宣言による行動制限が感染者割合とスーパー等売上高に及ぼした影響をみるために，ケースDとケースCの差をとったものである。

　まず感染者割合は，差のピーク時（緊急事態宣言最終日）でみて0.03pp，割合にして56％低下させる。ただし，緊急事態宣言終了後50日程度で効果はほぼ消える。スーパー等売上高に対しては，差のピーク時（緊急事態宣言最終日）でみて10.9pp低下させる。緊急事態宣言による行動制限は直接経済活動を抑制する負の効果と，新規感染者数の減少による自発的ステイホーム減少を通じた正の効果があるが，この結果は，前者の負の効果が上回るため，行動制限と経済活動にはトレードオフがあることを示している。ただし，緊急事態宣言終了後は，直接的な負の効果がなくなるため，行動制限なしの場合に比べて増加する。この結果，緊急事態宣言開始から終了後30日間までの平均で見ると，スーパー等の売上高の減少幅は2.6ppにとどまる。

図表3-13　行動制限の効果

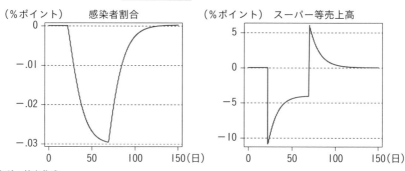

出所：筆者作成。

（2）検査追跡隔離の効果

　検査追跡隔離によって，感染者を有効に隔離できれば，感染者を減少させ，自発的ステイホームの減少を通じて，経済活動を活発化させることも可能である。検査追跡隔離対策によって，感染者のうち a の割合を隔離できたとしよう。この場合，（4）式の β_0 は検査追跡隔離対策がない場合に比べて，$(1-a)$ 倍となる。ここでは，自発的ステイホームのみ（行動制限なし）で，$a = 0.1$ の場合を考える。すなわち，

E．自発的ステイホームと検査追跡隔離対策（$\beta_1 = 2754.451$，$l = 0$，$a = 0.1$）

のケースをシミュレーションする。

　図表3-14は，ケースEとケースC（自発的ステイホームのみ）との差を取って，検査追跡隔離の効果を見たものである。これによると，検査追跡隔離対策がある場合（ケースE）は，ない場合（ケースC）に比べて，感染者割合は最大で0.01pp（割合は35.8%）減少させ，スーパー等売上高は最大で3.8pp増加させる。10%の隔離では，緊急事態宣言による行動制限と比べて，感染者割合の減少効果は小さいものの，経済効果はマイナスではなく正である。こうした政策が実効可能であるためには，病床や宿泊施設などの隔離施設のキャパシティを準備しておく必要がある。このケースでは，最大の感染者割合が0.045%であり，そのうちの10%を隔離するためには，最大で0.0045%（10万人に4.5人）

図表3-14　検査追跡隔離対策の効果

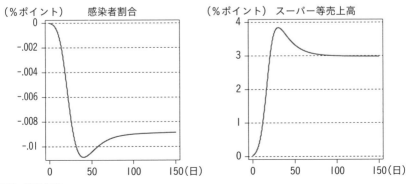

出所：筆者作成。

の隔離施設が必要になる。第1波の感染者割合（都道府県平均）のピークは
0.005％なので，施設の地域間格差には注意が必要だが，おおむね，許容範囲
内だと思われる。ただし，経済効果については，隔離による労働供給の減少効
果を考慮していない点に留意が必要である[10]。

5 │ より現実的な感染症モデルと経済モデルの構築に向けて

　本章では，標準的な SIR モデルに，新規感染者の多寡に応じて変動する外
出自粛率（自発的ステイホーム）を導入し，その疫学的および経済学的帰結を
分析した。この拡張により，感染者割合が集団的免疫獲得のはるか以前にピー
クアウトするなど，現実的な感染者割合の推移に近づくことが示された。また，
この拡張 SIR モデルで緊急事態宣言の疫学的効果を測ると，緊急事態宣言の
最終日において感染者割合を約半減させたものの，その後効果は徐々に低減し，
宣言終了後50日程度で効果はほぼ消滅したことが明らかになった。他方，経済
的影響を見ると，緊急事態宣言開始から終了後30日間までの平均でみて，スー
パー・百貨店売上は2.6pp 減少した。これは，緊急事態宣言による行動制限が
感染予防と経済活動とのトレードオフを伴ったことを示している。他方，検査
追跡隔離対策を拡充すれば，感染者割合を抑えつつ，自発的ステイホームの減
少によって，経済活動に正の効果を持つ可能性があることが示された。

　このように，本章は，標準的な SIR モデルに自発的ステイホームを導入す
ることによって，感染者割合を現実的なものに近づけるとともに，自発的ステ
イホームは経済活動との結節点として重要な役割を果たすことを明らかにした。
しかし，本章のモデルには改善の余地も多い。一般的に，SIR モデルやその拡
張モデルについては，まだパラメータについて合意が得られているとは言えず，
データの蓄積が待たれる。特に，検査追跡隔離対策について，本章では仮想的
な想定（感染者の1割隔離）のもとでのシミュレーションしか行っておらず，
より現実のデータに即したシミュレーションを行う必要がある。また，本章で
は，地域間の異質性や地域間異動について考慮していない。最も経済的打撃を
受けた産業の1つが運輸業，観光業であることを考えると，これらを考慮する
ことは重要な拡張方向である。さらに，経済モデルについては，本章では誘導

形モデルとしたが，構造モデルによってより厳密に政策効果を検証する必要がある[11]。有益な政策的示唆を得るためには，さらなるデータの蓄積とモデルの精緻化が必要であろう。

┃ 謝辞 ┃

　本稿の執筆にあたっては，宮川努，早川英夫の両氏から有益なコメントを得た。また，本研究は日本学術振興会科研費基盤研究（B）（17H02526）および全銀財団助成を受けた。記して感謝する。

┃ 注 ┃

1　本節の説明は，主に Holtemöller［2020］および小林・奴田原［2020］に基づく。

2　外出自粛率は，ドコモの携帯電話，約7,800万台の基地局情報から推定されたリアルタイム人口分布を利用して，住宅地からの「外出者数＝昼間人口－夜間人口」を見積もり，各地域の住民の「外出の自粛率＝1－（ある日の“外出者数 × 平均外出時間”）／（平常時の“外出者数×平均外出時間”）」を定量化したものである（水野・大西・渡辺［2020］）。

3　Watanabe and Yabu［2020］も，新規感染者と外出自粛率との関係を推計している。また，彼らは，緊急事態宣言と学校閉鎖が外出自粛率に及ぼす影響について，介入効果と情報提供効果に識別して分析している。他方，外出自粛率が感染状況や経済活動に及ぼす影響については分析していない。

4　モデルの詳細と解法は，筆者のウェブサイトに公開する予定である。https://sites.google.com/site/hosonokaoruj/home/research

5　この式は，外出自粛率を $Stay_t$，緊急事態宣言期間ダミーを EM_t で表すと，

$$\beta_t = \beta_0 + cStay_t + dEM_t$$
$$Stay_t = a\frac{\Delta S_t}{S_t} + bEM_t$$

の2つの式から，$l_t = -\frac{bc+d}{\beta_0}$，$\beta_1 = ac$ として導出される。

6　簡便法による実効再生産数は，東洋経済オンライン［2020］に基づく。具体的には，（直近7日間の新規陽性者数／その前7日間の新規陽性者数）^(平均世代時間/報告間隔) として求める。平均世代時間は5日，報告間隔は7日と仮定。実効再生産数を R^e で表すと，$\beta = \frac{\gamma R^e}{S}$。

7　推計にあたっては，都道府県固定効果を考慮した。また，第2波の推計では，お盆期間ダミーを説明変数に追加した。外出自粛率の係数（c）は，第1波 −0.301，第2波 −0.064，緊急事態宣言ダミーの係数（d，第1波のみ）は −0.0763である。

8　推計にあたっては，都道府県固定効果を考慮した。別の経済指標として，都道府県庁所

在市別2人以上勤労者世帯の消費支出の対前年同月比（総務省「家計調査」）の推計も行った。しかし，外出自粛率が都道府県レベルなのに対し，実質消費は県庁所在市レベルであり，測定誤差が推計結果に影響している可能性が考えられるため，本章では，スーパー等売上高の結果のみ報告する。

9　第2波についても自発的ステイホームを考慮したシミュレーションを行った結果，感染者割合はピーク時（76日後）に1.56％となり，実際のピーク（71日後の0.007％）と比べて，かなり大きくなった。第1波に比べてマスク着用等が普及したこと等が，現実の感染者割合のピークを押し下げた要因だと考えられる。

10　労働供給を通じた効果については，小林・奴田原［2020］参照。

11　Hosono［2021］は，構造モデルの1つである動学的一般均衡モデルとSIRモデルを接合し，自発的ステイホームと外出自粛要請の効果を分析している。

▎参考文献▎

小林慶一郎・奴田原健悟［2020］「感染症拡大モデルにおける行動制限政策と検査隔離政策の比較」CIGS *Working Paper Series* No. 20-005J。
　https://cigs.canon/uploads/2020/08/202008_kobayashi_nutahara_report.pdf
東洋経済オンライン［2020］「新型コロナウイルス国内感染の状況」
　https://toyokeizai.net/sp/visual/tko/covid19/
水野貴之［2020］「COVID-19特設サイト：外出の自粛率の見える化」
　http://research.nii.ac.jp/~mizuno/
水野貴之・大西立顕・渡辺努［2020］「流動人口ビッグデータによる地域住民の自粛率の見える化—感染者数と自粛の関係—」キヤノングローバル戦略研究所コラム　2020.04.22.
　https://cigs.canon/article/20200422_6369.html
Holtemöller, O.［2020］Integrated Assessment of Epidemic and Economic Dynamics. *IWH Discussion Papers*, No. 4/2020.
Hosono, K.［2021］Epidemic and Economic Consequences of Voluntary and Request-based Lockdowns. *RIETI Discussion Paper*, 21-E-009.
Moll, B.［2020］Lockdowns in SIR Model.
　https://benjaminmoll.com/wp-content/uploads/2020/05/SIR_notes.pdf
Watanabe, T. and T. Yabu［2020］Japan's Voluntary Lockdown. *CARF Working Paper* F-492.

落合　勝昭
川崎　一泰　　第**4**章
徳井　丞次
宮川　努

コロナショックの産業面・地域面への影響[1]

　コロナショックの下での家計消費，宿泊，輸出が変化した影響を，
都道府県間産業連関表を使って分析した。2020年5月には国内の
活動制限に加えて輸出が大きく減退し，産業連関波及効果の半分程
度は輸出減退で生じた。財の輸出減退効果はその後徐々に回復した
が，内需要因とインバウンド需要への影響が続いている。消費縮小
は産業連関が都道府県単位の域内で完結しやすい分野で主に発生し
ている。これは感染対策と経済活動の秤量を地域ごとに行うことの
合理性を裏付ける。ただし，人の移動を伴って消費活動が行われる
輸送や宿泊など旅行関係分野は例外で，インバウンド需要の「消滅」
が1年間継続するとGDPの0.1%から0.2%程度の影響を持つ規模
になる。

1 | コロナショック波及効果要因分解の重要性

　世界的な規模での新型コロナの感染拡大は，経済活動の制限をもたらしその水準を大きく落ち込ませました。2020年第二四半期のGDP速報値が前期比30％近い落ち込みになったことを知ってショックを受けた人も多いのではないだろうか。しかし，今後を冷静に見通し，感染対策と経済活動のバランスを判断していくには，コロナ禍の下で同時に起こったさまざまなことを要因分解し，1つ1つの要因の重みを見極めておく必要がある。

　感染対策のための経済活動制限として最も記憶に残っているのは，4月から5月にかけてとられた政府による緊急事態宣言下での外出自粛要請や休業要請であろう。さらに，日本を含めた各国が感染対策のために海外からの入国を拒否する措置を取り始めるなかで，国際航空便の運航も停止し，2月頃まで国内の観光地を賑わせていたインバウンド観光客をめっきり見かけなくなったことも印象深い。しかし，この時期には同時に，世界貿易がコロナ禍の下で急速に縮小しており，輸出の減少を通じて製造業の活動水準も急速に悪化し，GDPを大きく落ち込ませることになったことにも注意が必要である。

　また，全国の感染状況は一様ではなく地域差が見られたことから，緊急事態宣言の発出も解除も時期がずれることになった。国内の観光客や，インバウンド観光客が一時的に「消滅」してしまった影響も，地域によって異なる。今後も，波状的に起こると予測される感染拡大の危機は人口が密集する都市部で先行する可能性が大きく，一部地域での経済活動抑制や移動制限措置などが感染対策としてとられた場合に，その域内での経済活動縮小効果と，それが域外へ波及する効果をそれぞれどのように見積もるのか，また域外波及の地域的濃淡はどうかなど予測できるようにしておきたい。

　本章では，こうした問題意識の下に，コロナショックの下で生じた，家計消費，宿泊，輸出の変化を，月別，都道府県別に捉え，これらを外生的な需要ショックとして，都道府県間産業連関表を使って，都道府県をまたぐ全国の地域にどのように波及していったかを分析する。コロナ禍で休業要請や営業時間短縮要請も行われており，「需要ショック」という呼び方に違和感を覚える人

にいるかもしれない。労働供給への制約の一部はテレワークによって代替されたが，休業や雇止めによって所得減少に繋がった場合には，消費行動に波及する。本章では，今回のコロナショックは主に最終需要に近い産業で発生して川上産業に波及していることから，川下から川上への「後方連関」分析を採用し，その慣例にならって「需要ショック」という用語を使っている。都道府県間の産業連関を捉えるために使うのは，47都道府県×26部門からなる「2005年都道府県間産業連関表」である[2]。

本章の構成は次のとおりである。続く第2節では，家計消費，宿泊，輸出の順に，データの動きを概観し，併せて産業連関分析に対応させるためのデータ作成方法を簡単に説明する。第3節で，都道府県間産業連関表を使った分析結果を，産業別にみた特徴，そして都道府県別にみた特徴を報告する。第4節では，宿泊については特に着目して，内需とインバウンドを比較しながら報告する。最後の第5節は，政策判断の指針となることを狙って分析結果をまとめる。

2 ｜ 主要なショックの概要とデータ作成方法

この節では，コロナショックで最終需要に起こった変化を，家計消費，宿泊，輸出に分けて概観し，併せて都道府県間産業連関分析に使うためのそれぞれのデータの加工について簡潔に説明する。ここで宿泊を消費とは別に取り上げる理由は2つある。その1つは，コロナ禍で人の移動に制約がかけられる影響を最も受けた産業が旅行関係であり，「Go To トラベル」政策の是非は大きな論争を呼び続けているからである。これに加えて第2に，「家計調査」で捉えた宿泊では，その支出が到着地ではなくて出発地で捉えることになってしまうからである。都道府県別の分析を行う本章では，この点が無視できない。そこで，宿泊業については「家計調査」だけではなく，到着地での影響を捉える供給側のデータを使って分析を行った。

（1）家計消費

4月に緊急事態宣言が発出され，不要不急の外出を控えることが要請され，人との接触をできるだけ避けるような生活になった。これに伴い外食や旅行な

■ 図表 4 - 1 2020年3月以降の消費の動向（対前年同月比変化率，%）

	3月	4月	5月	6月	7月	8月	9月	10月
総消費支出	−5.5%	−11.0%	−16.2%	−1.1%	−7.3%	−6.7%	−10.2%	1.4%
食料	−1.0%	−4.6%	−3.4%	−0.3%	−0.7%	−1.1%	−1.5%	3.0%
住居	4.5%	11.6%	−24.2%	8.8%	−12.2%	3.1%	−4.9%	13.7%
光熱・水道	−0.4%	5.5%	−8.0%	4.5%	0.6%	4.2%	1.7%	4.3%
家具・家事用品	−0.2%	0.8%	4.6%	31.4%	20.4%	11.1%	−25.5%	41.0%
被服及び履物	−25.1%	−54.8%	−37.4%	−2.9%	−19.2%	−19.2%	−28.5%	4.4%
医療保健	1.1%	−2.3%	−6.5%	2.5%	4.7%	12.1%	−12.1%	15.3%
交通・通信	0.0%	−9.2%	−23.7%	−6.5%	−19.7%	−12.3%	−8.8%	−3.9%
教育	−23.9%	−12.5%	−29.2%	−13.6%	−11.6%	−5.9%	−16.3%	8.3%
教養娯楽	−19.4%	−33.7%	−37.2%	−20.4%	−19.7%	−25.2%	−21.6%	−3.9%
その他	−7.8%	−16.1%	−16.6%	1.1%	−7.3%	−13.2%	−13.8%	−12.8%

出所：総務省「家計調査」より筆者作成。

どの産業に大きな影響を及ぼし，メディアでも連日その窮状が報道されていた。コロナ禍での消費生活によって大きなダメージを受けた産業がある一方で，新たな消費需要も生まれた。また，消費喚起を目的とした，政府による定額給付金の支給や各種「Go To キャンペーン」などもこの時期の消費行動に影響を与えたものと考えられる。まずは，こうした状況を総務省「家計調査」の都道府県別月次データによってみていこう[3]。

図表4 - 1には，全国の「家計調査」の支出項目別推移を前年同月比変化率で示している。消費支出全体は，感染拡大第1波で緊急事態宣言が発出されていた4月に11%，5月に16.2%の減少を示し，第2波への警戒が高まった9月に再び10.2%減となったが，それ以外の月では一桁の減少にとどまっている。こうして消費全体が弱含みで推移するなかで，支出項目別には明暗が分かれる状況になっている[4]。

支出項目別にみた消費落ち込みのなかで特に目を引くのが，「被服及び履物」である。緊急事態宣言が発出されて多くの店舗で休業が行われた4月，5月には54.8%減，37.4%減と特に落ち込みが激しいが，3月から9月までの7か月間中6か月で二桁の落ち込みとなった。旅行などを含む「教養娯楽」費の落ち

込みも相対的には大きいものの，感染第1波の時期には「被服及び履物」費が
それを上回る状況となっていたことが注目される。

　ただし，この表に示した支出項目は粗い分類となっているため，より詳細に
は細目別にみる必要がある。**図表4-2**の上の図は，家計の「食料」支出を，

図表4-2　食料費，交通・通信費内訳の推移（前年同月比変化率，%）

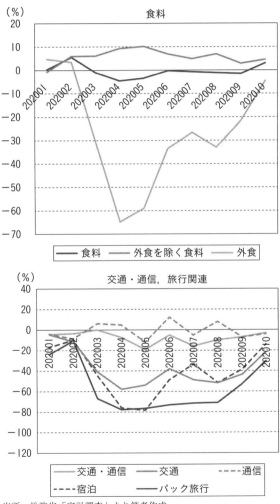

出所：総務省「家計調査」より筆者作成。

外食とそれ以外の食料費に分けて示したものである。食料費全体では，４月から５月にかけても前年同月比でそれぞれ4.6％減，3.4％減とそれほど大きな減少にはなっていない。しかし，この内訳を外食とそれ以外に分けるとその傾向がはっきりする。外食は４月に64.8％減，５月に58.9％減と大幅な減少を示している。緊急事態宣言解除後も前年同月比で33％減少という状態が続いていた。９月くらいから「Go To イート」キャンペーンの効果が出始め，10月には4.6％減まで回復した。その一方で，「外食以外の食料費」は前年同月比でむしろ増加していたため，外食の減少が相殺されていたと言えよう。外食の機会が減った分，自炊や宅配など他の形に消費が転換されていたことがわかる。

　図表４‐２の下の図では，家計の「交通・通信」費を交通と通信に分け，さらに交通関係の宿泊とパック旅行の推移を示している。「交通・通信」費という形で集計されると，５月の23.7％減が大きな減少ではあるが，移動の自粛が求められたわりには小さな減少ともいえる。この内訳を交通費と通信費で分けるとその明暗がはっきりしている。交通費は４月に前年同月比で72.3％減，５月に67.3％減と大幅に減少させたのに対して，通信費の方は４月に5.8％増，５月は15.1％減と減少したものの，６月に15.4％増となっている。特に，通勤・通学の移動を抑制のためにテレワークが推奨されたこともあり，交通費の減少を通信費の上昇で代替している様子がうかがえる。

　一方，宿泊やパック旅行に関しては，４月から５月にかけては，どちらも前年同月比で95％を超える大幅な減少をし，宿泊に関しては緊急事態宣言の解除後に４割から６割減の間で推移し，10月に17.1％減まで回復してきた。一方，パック旅行は緊急事態宣言解除後も伸び悩み，ほぼ９割減の状態が続いた。これが９月以降，「Go To トラベル」キャンペーンなどにより回復方向に向かっていた。

　このように家計消費で見ると，人と接触しながらサービスを展開する外食産業と旅行産業のように特定の産業に大きな影響を及ぼした。その一方で，それに代わる財・サービスの需要が増大し，トータルの需要減は相対的に小さくなっていることがわかる。また，外出機会の減少に伴いファッション関連産業の需要が減少したこともうかがえる。自然災害などと異なり，特定地域の全産業ではなく，人と接触する特定産業の需要に対するダメージが大きいことが消

費の観点から指摘できる。

（2）宿　泊

到着地での宿泊への影響を捉えるために使うのは観光庁「宿泊旅行統計」である[5]。まず，「宿泊旅行統計」からみた全国の宿泊施設の稼働状況が，**図表4-3**に示されている。これをみると，新型コロナの感染拡大が起きる前の2019年は，ほぼ7割の稼働率であった。稼働率の落ち込みが明らかになったのは2020年2月からである。この月から稼働率は6割を下回り，緊急事態宣言期間中の4月および5月にはなんと10％台にまで落ち込む。その後緊急事態宣言が解除され，6月に入って都道府県間の移動も認められるようになると稼働率は20％台にまで回復する。また7月に入って東京を除く地域で「Go To トラベル」が開始されたことから稼働率は30％近くに上昇し，さらに10月には「Go To トラベル」に東京も含まれたこともあって40％台へと上昇した。それでも依然として5割に達していない状況である。

新型コロナウイルス感染拡大前に比べて都道府県のばらつきが特に広がった

図表4-3　全国の宿泊施設の稼働率の推移

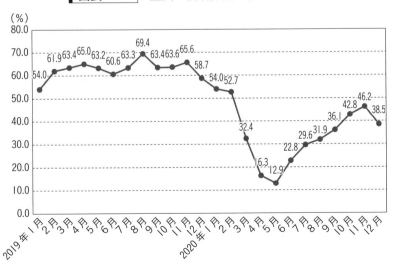

出所：観光庁「宿泊旅行統計」より筆者作成。

わけではないが，それでも都道府県間の差は存在する。例えば緊急事態宣言中の５月の稼働率をみると，福島県の27％に対し，沖縄県は何と5.4％という低い稼働率である。10月の都道府県別稼働率では，青森県や山口県などがすでに５割を超えているのに対し，大阪府や奈良県は４割に満たない。

　こうした宿泊業の地域格差には，どのような要因が影響しているのだろうか。最も大きな要因は，外国人宿泊者の比率である。**図表4-4**は，2020年１月から９月までの宿泊者の対前年比率（縦軸）と2019年１月から９月までの外国人宿泊者比率（横軸）を都道府県別にプロットしたものである。これを見ると，京都府のように外国人宿泊比率が高い都道府県は，今年の宿泊者数が大きく落ち込んでおり，逆に福島県のように外国人観光客比率がもともと低かった都道府県は，宿泊者数の落ち込みが逆に少ないという逆相関の関係にあることがわかる。この逆相関性は非常に強く相関係数−0.82である。この点は外国人宿泊者比率と宿泊施設の稼働率の前年差をとっても同じである。

　ただ，宿泊業の落ち込みが地域経済に与える影響は，宿泊業が地域経済に占

図表4-4 外国人観光客のシェア（2019年１−９月）と宿泊者数の対前年比（2020年１−９月）

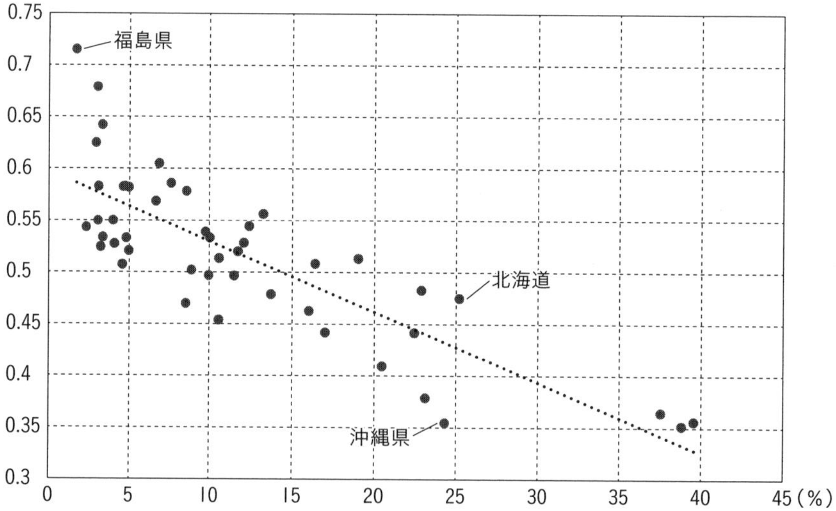

出所：観光庁「宿泊旅行統計」より筆者作成。

めるシェアの大きさにも依存する。ここでは宿泊業だけでなく飲食業も含めた宿泊・飲食サービス業の地域経済におけるシェアを，内閣府「県民経済計算」（2017年度）の宿泊・飲食サービス業の県内総生産に占める比率で見ておこう。最もシェアが低い県は茨城県（1.8%）だが，東京都のような他に大きな産業がある地域も2%台前半である。一方沖縄県（4.4%）山梨県（3.7%），長野県（3.7%）のような観光県はシェアが高い。こうした観光県でかつ外国人観光客のシェアが大きかった地域は，とりわけ回復に時間を要すると予想される。

（3）輸　出

　貿易統計でみた日本の輸出総額は，コロナ危機を迎える前年の2019年に，米中貿易摩擦などの影響もあって対前年比5.6パーセントの減少とすでに弱含みで推移していた。そこに2020年3月以降，コロナ危機の世界的拡散を受けて，坂道を転がるような急降下となった。**図表4-5**に今年に入ってからの貿易統計輸出総額の対前年同月変化率が月次で示してある。ボトムの5月には対前年

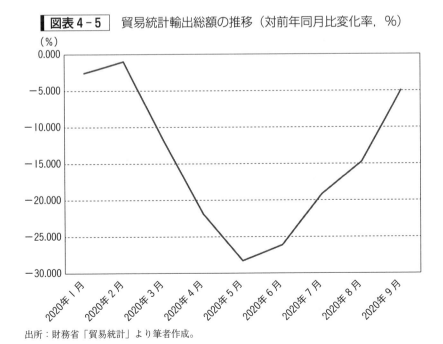

▌図表4-5▐　貿易統計輸出総額の推移（対前年同月比変化率，%）

出所：財務省「貿易統計」より筆者作成。

同月比28％の減となり，その後も6月が－26％，7月が－19％，8月が－14％と，緩やかに持ち直しつつも二桁の対前年同月比減少が8月まで続いた。

　先にみた内需が特定分野でコロナ禍の影響を大きく受けて落ち込む一方で，外食に代わる自炊や宅配，テレワークに伴う通信費のように転換需要が発生した分野もあって，消費支出全体としては概ね緩やかな落ち込みで推移したのに対して，8月まで継続した輸出の落ち込みの規模は大きい。日本の貿易統計輸出はそのほとんどは製造業製品であり，現在では製造業付加価値はGDPの約3割を占めるに過ぎないが，国内になお裾野の広い産業連関を擁しており，こうした急激な輸出減少は国内経済に大きな打撃をもたらすことになった。

（4）産業連関分析のためのデータの加工

①　「家計調査」からのデータ加工

　都道府県間産業連関分析を行うために，家計調査の支出分類をR-JIP産業分類に変換する必要がある。家計調査の支出分類は独特であり，R-JIP産業に分類する際，品目ごとの分類が必要となってくる。例えば，家計調査の支出分類で「家具・家事用品」にはいわゆる家電製品，家具，洗剤などが含まれている。これらの商品が産業に与える影響を捉えるために，品目ごとに産業分類をしていく必要がある。その過程でいくつかの問題が生じ，別の統計データなどを使って対応した。以下では，その特筆すべき点を中心に説明していく。

(i)　パック旅行の扱い

　パック旅行には航空券，新幹線チケットなどの交通費とホテル，旅館などへの宿泊費が含まれている。観光庁「旅行・観光消費動向調査2019」にある個人旅行の旅行単価の交通費と宿泊費の支出額の比率を用いて，パック旅行費を運輸・通信業とサービス業（民間，非営利）に分割した[6]。

(ii)　輸送用機械の扱い

　輸送用機械は家計調査の支出項目で，自動車購入，自動車関連部品に加え，自転車購入などである。家計調査における自動車購入費は現金一括の場合，そのまま計上されるのに対して，ローンでの購入の場合は毎月，ローン支払い額が計上される。また，サンプリング調査であるため，都道府県別の月次データとなると自動車購入があったかどうかで振れ幅が極端に大きくなってしまう。

そこで，ここでは「家計消費状況調査」の2人以上世帯の自動車（新車）の名目支出額の前年同月比をコントロール・トータルとし，軽自動車の都道府県別月次販売データから総台数に対する都道府県販売台数の比率を用いて，都道府県の変化率を推計した。なお，軽自動車販売データは全国軽自動車連合会のHPから軽乗用車の都道府県別新車販売台数の月別データを利用した[7]。

(iii)　「家計調査」の価格表示の変換

また，「家計調査」は価格表示が購入者価格であることから，そのまま産業連関分析に使うことはできない。そこで，経済産業省「商業マージン率」を使って，購入者価格から商業マージン率を差し引いて生産者価格に変換して分析に使っている。

②　「宿泊旅行統計」からのデータ加工

観光庁「宿泊旅行統計」を産業連関分析で使うために，次のような加工を行った。まず「宿泊旅行統計」から都道府県別の国内宿泊者数と外国人宿泊者数が得られる。内閣府「県民経済計算」の2017年度版（最新版）における各都道府県の宿泊・飲食サービス業の産出額から宿泊者の外国人宿泊者比率をかけた部分を控除して，国内宿泊者の需要に対応した値のサービス業内（ここでも外国人宿泊者の需要分を除く）でのシェアを算出する。国内宿泊減によるサービス業の落ち込みは，都道府県別の毎月の国内宿泊者数の落ち込みに，この宿泊・飲食サービス業のシェアをかけて算出した。一方外国人宿泊者の影響については，まず2005年の旅行収支を，2019年における外国人宿泊者の都道府県別割合を使って，都道府県別に配分する。この値と地域間産業連関表における各都道府県のサービス業の輸出額を比較し作成した[8]。

③　財務省「貿易統計」輸出のデータ加工

品目別貿易統計の月次データを都道府県間産業連関表分析の枠組みに乗せるには，品目分類の組み換えと，都道府県間への按分が必要になる。品目分類組み換えのほとんどは，貿易統計品目分類をR-JIP産業分類に合わせて並べ替えることで足りたが，貿易統計「プラスチック」はR-JIP化学（化学最終製品）とR-JIPその他の製造業（プラスチック製品）に，貿易統計「織物用糸・繊

維製品」はR-JIP繊維（化学繊維を除く繊維製品）とR-JIP化学（化学繊維）に，JIPデータベースの2015年産出額から作成した分割比率で按分した。また，品目別輸出の原料品中の原材料の多くは古紙，繊維くず，金属くずなどのリサイクル品と考えられるが，これらは今回の都道府県間産業連関表の分析データからは除外した。こうして作成した全国ベースのR-JIP産業別輸出データを，2005年都道府県間産業連関表の都道府県別・産業別の輸出額を使って産業別に都道府県間分割比率を作って按分した。

3 都道府県間産業連関表を使った分析結果

　それでは，家計消費，宿泊，輸出に対するコロナショックの影響の産業波及の効果を，2005年都道府県間産業連関表を使って分析した結果を紹介しよう[9]。産業別，都道府県別の結果をみる前に，まず全国全産業を集計した結果を時系列で確認しておこう。**図表4-6**には，9月までの各月の付加価値ベースの波及効果を内需と外需（輸出），さらに内需を域内と域外に分けて要因分解した推移を示している[10]。

　新型コロナウイルスの感染拡大が世界的に意識されるようになった3月から

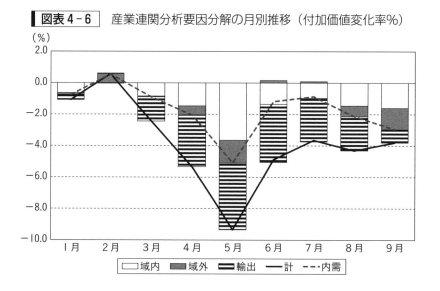

図表4-6　産業連関分析要因分解の月別推移（付加価値変化率%）

マイナスの影響が現れ始め，5月をピークとして徐々に収束傾向にある。内需については，4月7日に1都7県に対して出された緊急事態宣言が同16日に全国に拡大し，5月25日に解除されるまで，大きなマイナスの影響があったことがわかる。6，7月については緊急事態宣言解除の反動か影響は小さかった[11]が，8月に入って感染第2波が意識されるようになり影響が再び拡大し始めている。また，内需の域内効果と域外効果の比較では，概ね域内効果の方が大きいことがわかる。輸出については，世界的な混乱もあり5月が影響のピークとなったが，それ以降はマイナス効果が縮小する傾向が続いている。

　次に，日本経済の落ち込みが最も大きかった5月を取り上げ，産業別の比較を行う。**図表4-7**は，5月の産業別付加価値への影響を示している。一番大きな落ち込みを見せたのは，日本の主要輸出品であり，国際的なコロナショックの波及の影響を大きく受けた「輸送機械」である。二番目は「石油・石炭製品」であるが，これは外需よりもむしろ内需を中心とした落ち込みであり，国

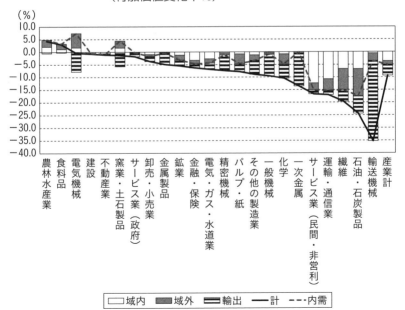

図表4-7　産業連関分析要因分解：2020年5月の産業別比較
（付加価値変化率%）

内外の人の移動制限による燃料需要の低迷や，宿泊施設などの利用率の低下によるエネルギー需要の減少などを反映しているとみることができる。三番目は「繊維」だが，コロナ禍による「巣ごもり化」が衣類の消費減少につながったことを反映していると考えられる。四番目の「運輸・通信業」は業務などのテレワーク化で出勤，通学，出張などが減少し，加えて外出，移動が制限されたことから，運輸需要が大きく減少したことでマイナスとなったと考えられる。五番目の「サービス業（民間・非営利）」には対企業，対個人のさまざまなサービスが含まれるが，コロナ禍における飲食サービスや宿泊サービスなどの利用の低迷，イベントの中止などによりマイナスとなっている。

　一方，プラスとなった産業も存在する，「農林水産業」や「食料品」は外出自粛下でも必要な消費であり，また外食サービスと代替することで消費が増えたと考えられる。「電気機械」については，遠隔業務への対応や，自宅に引きこもる際の生活環境の改善などで増加したと考えられる。

　参考として，3月から9月までの付加価値にマイナスの影響があった上位産業を並べると，「繊維」，「石油・石炭製品」，「サービス業（民間非営利）」，「運輸・通信業」がとどまり続ける一方，9月に入って「輸送機械」が上位から姿を消している。他の産業が内需主導であるのに対して，輸出主導型の「輸送機械」は輸出の改善を受けて立ち直った。

　次に都道府県別の影響を説明する。都道府県を5月時点の影響順に並べたものが**図表4−8**である。5月には輸出の押し下げ効果が大きく，輸出の影響を受ける都道府県が全体の影響として上位にきている。一方，東京は内需の押し下げ効果でトップであり，域内，域外ともに10位以内に入っているが，全体では14位となっている。沖縄も内需の落ち込みが大きいが，全体で22番目となっている。京都は少し傾向が違う輸出の落ち込みは22位と10位以内に入っていないが，内需の落ち込みと合わせて全体では10位に入っており，内需，輸出とも観光の影響が大きいと思われる。

　なお，ここでは変化率で分析をしているが，都道府県ごとの経済規模（GDP）を考慮し，水準（金額）の変化額で上位5都道府県を捉えると，全体の影響としては，東京，愛知，大阪，神奈川，埼玉の順に大きく，内需では東京，大阪，神奈川，愛知，埼玉，輸出では愛知，東京，神奈川，静岡，大阪の順となる[12]。

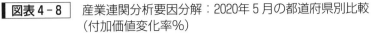

図表4-8 産業連関分析要因分解：2020年5月の都道府県別比較
（付加価値変化率%）

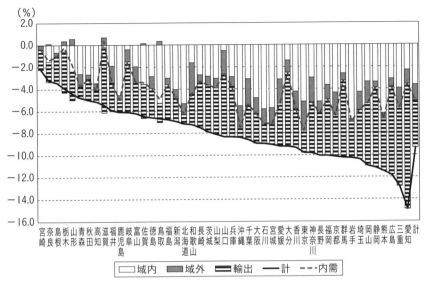

4 ｜ **宿泊需要減少による産業連関波及**

　この節では，コロナショックに大きく翻弄されている旅行分野の代表として宿泊業に注目した分析を紹介する。都道府県間産業連関分析のための宿泊データの加工については，第2節で説明したとおりである。まず，9月までの全国の動向を**図表4-9**でみておこう。5月で影響がピークを迎え，それ以降は終息傾向にあるのは全産業と変わらないが，その傾向は全産業の比べるとやや遅い。その理由の1つは，近年国内の観光分野でインバウンド需要が大きく盛り上がり注目されてきたが，海外での渡航自粛の広がり，日本での入国規制などもあり，3月以降は外国人旅客の需要は実質ゼロとなっている。そのため，3月から9月にかけてほぼ同程度の影響が続いている。このことは，5月をピークに徐々に回復していった財の輸出と対照的である。その一方で，宿泊業への影響全体としては，外需（インバウンド需要）よりも内需の影響が大きいこと

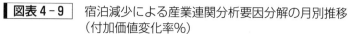

図表 4-9 宿泊減少による産業連関分析要因分解の月別推移
（付加価値変化率%）

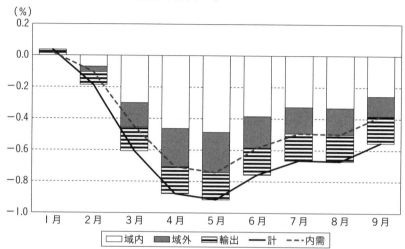

が注目される[13]。

　次に，**図表4-10**は，月のほとんどが緊急事態宣言中であった5月の都道府県の影響を示している。これを踏まえ，9月までの動きを概観する。都道府県別の特徴としては，宿泊減少によるマイナス効果首位の沖縄を始めとして，上位に入るのは国際便が到着する飛行場を持つ，ビジネス需要や観光需要がある都道府県となっている。また，東京，大阪，京都など，ビジネスなどでの利用や観光のため域外および海外からの利用が多い地域では，輸出と域外効果が大きく現れている。

　5月の宿泊者数の減少に伴う押し下げ効果は全国集計で付加価値を0.9%低下させている。当然のことながら沖縄県，長野県，京都府の落ち込みは平均よりも大きく1.4%から1.7%程度のマイナスになっている。これが都道府県間の移動に制約がなくなった6月以降徐々にマイナス幅は縮小し，9月には全国平均で−0.6%程度に戻っている。7月後半からは東京発着を除いて「Go To トラベル」が開始されているが，7月から8月にかけて劇的な変化は見られず，9月に入ってからマイナス幅の減少が見られる。おそらくこれは8月のお盆休みに関してはまとまった移動に対して警告が発せられていたためであろう。た

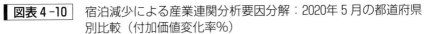

図表4-10 宿泊減少による産業連関分析要因分解：2020年5月の都道府県別比較（付加価値変化率％）

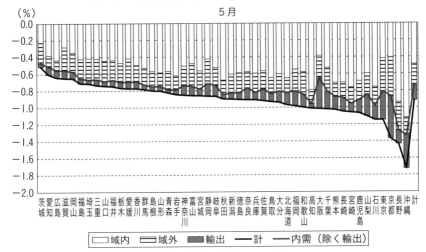

だ沖縄県や京都府などの観光県の状況は依然厳しく，9月時点ではそれぞれ－1.3％，－1％となっている。

5 ｜ 分析結果から何がわかるか

　これまでのところコロナショックによる日本経済の最大の落ち込みは2020年5月に観察されたが，これは緊急事態宣言の下で抑制された国内の諸活動による影響が約半分，残りの約半分の影響は，同時期に輸出が大きく落ち込んだことが国内産業連関を通じて経済活動水準を押し下げたためである。その後は，輸出の落ち込みが縮小していき，9月以降は外需要因がほぼ剥落して，内需要因が残った様相になっている。

　また，内需である国内消費全体をみると，感染第1波の4月，5月と9月に二桁の落ち込みとなったが，その他の月では緩やかな落ち込みとなっている。産業連関を通じた波及効果も同様の傾向を示している。しかし，消費品目の内訳を詳しくみると，コロナ禍のテレワークや「巣ごもり」需要で需要を増やした品目がある一方で，衣料品分野など需要を大きく落ち込ませた品目があり，

明暗の分かれる結果となっている。

　また，消費抑制効果はサービス分野を中心に，産業連関が都道府県単位の域内で完結しやすい分野で主に発生しているため，域内効果が相対的に大きく域外効果を概ね上回ると言ってよい。試みに第3節の計算結果を使って，5月に起こった消費抑制と同じ消費パターンで，東京と大阪の付加価値を1％低下させる規模の需要抑制が行われたとき，他道府県への波及効果の大きさを試算した。その結果をみると，地理的に近い地域に影響が出る傾向があるが，東京自粛の影響を最も強く受ける神奈川で0.12％の減少と，自粛地域の10分の1強の影響にとどまる。一方，大阪自粛の影響を最も受ける和歌山では0.17％減少効果と，大阪自粛の方が近隣県に与える影響がやや大きいものの，それでも5分の1弱である。

　東京も大阪も近隣府県との経済活動の連関性が高い地域であるが，それでも域外府県への影響はこの程度である。このことから，感染対策と経済活動のバランスの判断を地域ごとに行うことの合理性を裏付ける結果といえよう。

　こうした考え方が当てはまらない唯一の例外は，輸送や宿泊を伴う旅行関係分野である。これは地域を超えた産業連関というよりも，消費行為自体が人の移動を伴って行われるからである。このことは，とりわけ観光県には厳しい影響を与えている。日本の観光地は近年海外からのインバウンド需要に支えられてきたが，その回復はまだしばらく見込めそうもない。外国人宿泊客が戻らないことによるGDPの減少分は，毎月0.1％から0.2％分存在している。この影響が一時的ではなく年をまたいでGDPの0.1％から0.2％程度の影響が出る可能性すら否定できない。これはTokui, Kawasaki and Miyagawa［2017］が，東日本大震災で起きたサプライチェーンの損害に伴う長期的な経済的影響にほぼ等しい。

　また，新型コロナ感染拡大ではたびたび「人命か経済か」という争点が取り上げられた。この場合多くの人が「経済」という言葉で想定しているのは「雇用」だろう。これまでコロナショックによる内外需の減少が地域経済にどのような影響を与えるかについてみてきたが，それが雇用にどのような影響を与えるかに変換して考えるには，オークンの法則を使えばよい。

　ここでは，2020年の観光業が最も厳しい状況であった沖縄県を例にとって考えてみよう。緊急事態宣言期間を含む2020年4－6月期において，沖縄県の

GDP は宿泊・飲食サービスの影響だけで1.6％減少したと考えられる。われわれが推計した九州・沖縄地域におけるオークン係数を使うと，これは0.15％ポイントの失業率上昇になる。2020年4－6月期の失業率は，前年同期に比べ沖縄の失業率は0.8％ポイント上昇しているので，その20％弱が宿泊・サービス業に対する需要の減少による影響と考えられる[14]。これはこの時期における宿泊・飲食サービス業の減少に伴う GDP の減少が全体の需要の減少に伴う GDP の減少の2割を占めているという点とも整合的である。

▎注▎

1　本章の分析は，独立行政法人経済産業研究所の都道府県別産業生産性データベース（R-JIP）プロジェクトの成果を利用している。分析方法と得られた結果の詳細は，徳井丞次・落合勝昭・川崎一泰・宮川努 [2021] を参照されたい。

2　「2005年都道府県間産業連関表」は，独立行政法人経済産業研究所の都道府県別産業生産性データベース（R-JIP）プロジェクトの一部として作成され，同研究所のウェブサイト https://www.rieti.go.jp/jp/database/R-JIP2005/index.html で公開されている。R-JIP データベース2017の23産業部門に事務用品，分類不明，本社の3部門を加えた26部門となっている。作成方法の詳細は，新井 [2020] を参照。

3　家計消費には季節的な変動が多く含まれている。こうした季節的な変化を取り除くため，ここでは月次データを前年同月比変化率で観察する。小西 [2020] は，POS データを使ってコロナ禍における消費動向を調べている。

4　前年同月比での比較が難しいのは，2019年10月に消費税の増税が行われ，標準税率が8％から10％に引き上げられた影響があることである。さらに，今回は酒類と外食の除く食料品については軽減税率が適用され，税率が8％に据え置かれたことと，増税によって得られた財源を使って，教育無償化が進められたことで，影響が複雑になっている。特に，教育については2019年10月以降10～20％前後の落ち込みが続いてきたが，これは教育無償化により支出が減少した効果を含んでいることに注意が必要である。

5　「宿泊旅行統計」は，全国58,990の宿泊施設を調査対象としている。従業員10人以上の宿泊施設については全数調査を行い，それ未満の宿泊施設についてはサンプル調査を行っている。なお，Go To トラベルにおける宿泊需要の影響に特化した分析については，Matsuura and Saito [2021] を参照されたい。

6　この比率は概ね国内パック旅行の場合は交通費6に対して宿泊費4，海外パック旅行の場合は交通費7に対して宿泊費3であった。

7　「家計調査」の自転車購入は2020年4月以降大幅に伸びていて，前年同月比で4月12.6％，5月44.4％，6月39.2％となっている。コロナ禍で通勤手段として自転車を利用する人が増えたことが影響しているものと考えられる。

8 このときサービス業の輸出額＞旅行収入の場合であれば，旅行収入/サービス業の輸出額を外国人宿泊者数の対前年同月比にかけて，その都道府県のサービス業の減少率を計算する。一方，サービス業の輸出額＜旅行収入の場合は，旅行収入/サービス業の輸出額＝1としてこれに外国人宿泊者数の対前年同月比をかけて，その都道府県のサービス業の減少率とする。

9 産業連関分析は需要変化の産業連関効果がすべて行き渡った状態を考えている。本節の分析は月次のデータを用いて行っているため，影響が過大に評価されている可能性があり，潜在的な影響を表していると捉える必要がある。

10 「域内」は当該都道府県が自地域に対する需要の自地域の生産への影響で，自地域への需要が他地域へ波及し再び自地域に影響する分を含む。「域外」は当該都道府県以外が当該都道府県以外すべての地域に対する波及である。

11 域外からの効果は，6月は30府県がプラス（北海道，東京，京都はマイナス）。7月は32都府県がプラス（北海道，京都はマイナス）となっている。

12 内閣府「県民経済計算」の2017年の都道府県のGDPに変化率を掛けることで，変化の水準（金額）を計算した。

13 今回は2005年都道府県間産業連関表を用いているため，近年のインバウンド需要の増加の効果を捉えきれていない可能性がある。そこで，総務省「平成17−23−27年接続産業連関表」を用いて対個人サービスの輸出額を確認すると，図表4−9の宿泊業の日本全体への影響は，今回の推計よりも1.37倍程度大きい可能性がある。

14 「労働力調査」の9地域別完全失業率をR-JIPデータベースを使って，失業率の前期差をGDPの成長率で回帰し，その係数からオークン係数を推計するという方法を地域別に行った。推定期間は1983年から2010年である。

▌参考文献▐

Toshiyuki Matsuura and H. Saito [2021] Designing Tourism Stimulus During the COVID-19 Pandemic in Japan, RIETI Discussion Paper Series 21-E-012.

Joji Tokui, K. Kawasaki and T. Miyagawa [2017] The economic impact of supply chain disruptions from the Great East-Japan earthquake, *Japan and the World Economy*, Vol. 41, 59-70.

小西葉子 [2020]「第13章　POSで見るコロナ禍の消費動向」小林慶一郎・森川正之編著『コロナ危機の経済学—提言と分析—』日本経済新聞出版。

新井園枝 [2020]「2005年都道府県間産業連関表の作成とその概要」RIETI Discussion Paper Series 20-J-009。

総務省 [2020]「平成17−23−27年接続産業連関表」。
https://www.soumu.go.jp/toukei_toukatsu/data/io/link/link15.html

徳井丞次・落合勝昭・川崎一泰・宮川努 [2021]「新型コロナショックの経済波及効果—地域間産業連関分析による地域別・産業別分析」RIETI Discussion Paper Series 21-J-010。

内閣府 [2020]「県民経済計算（平成18年度−平成29年度）」。
https://www.esri.cao.go.jp/jp/sna/data/data_list/kenmin/files/contents/main_h28.html

権 赫旭
金 榮愨

第**5**章

新型コロナに対する韓国社会の対応

―情報，介入，社会的コスト―

　韓国は新型コロナの感染拡大に効果的に対応し，人命と経済への被害を最小限に抑えることに成功した稀な国の1つと言われている。韓国は経済活動を委縮させる非医療介入政策（たとえばロックダウンや入国禁止など）を最小限にする代わりに，情報の収集・統合・公開によるいわゆる3T（Testing, Tracing, Treatment）方式を通して危機に対応した。このような医療資源を最大限に活用する対応は感染症による人命と経済への被害を最小限に抑えることに大きく貢献したが，プライバシー侵害，経済主体の行動に対する直接的な介入と社会的統制などに関連する社会的コストと今後の課題も残した。

1 │ 新型コロナ感染症への韓国の対応は成功したのか

　人を媒体とする感染症に対抗して取られる2つの代表的な社会的対策はトレードオフの関係にある。人命を優先して感染拡大の防止のために社会的距離，移動制限，ロックダウンなどの非医療介入政策を実施すると経済活動が落ち込んで人々の生活が不安定になる可能性が高い。一方，経済を優先すると，感染者の増加につながり，多くの人命を失うことになる。感染拡大を阻止しながら経済の落ち込みを最小限に抑えることは至難の課題である。各国の政府は今や，パンデミックを起こした新型コロナの感染拡大を抑制しながら経済の減退を防ぐために，社会的距離，移動制限，学校閉鎖，ロックダウンなどの非医療介入政策や失業者や企業を支援する経済政策，さまざまな医療・保健政策を実施している。しかし，初期対応は国によって大きく異なっていた。

　韓国は迅速に検査を進め，クラスター追跡を通じて感染者を見つけて，治療する3T（Testing, Tracing, Treatment）方式で初期に対応した一方で，イタリア，フランスなどの欧州諸国は初期対応に失敗した後にロックダウンなどの封じ込め政策を実施したことで危機に対応した。また，初期に積極的な対応をしなかったため新規感染者数と感染による死亡者数も抑えきれない状態が続いた米国，ブラジルなどのような国もあった。**図表5-1**にはOECD諸国の新型コロナ初期対応の効果性の指標が示されている。図表5-1に示されたとおり，

■図表5-1 　OECD諸国の新型コロナへの初期対応の効果性指標

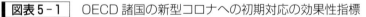
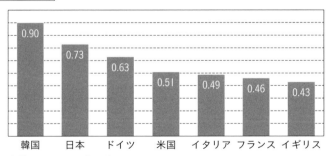

出所：Sachs *et al.* [2020].

図表 5 - 2　新型コロナが人命と経済に及ぼした影響の国際比較

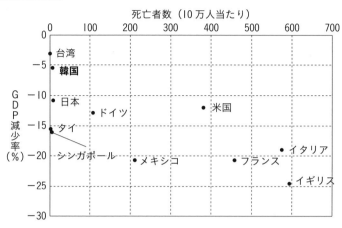

出所：伊禮・丸山・山本［2020］。

韓国の初期対応が最も評価されていることがわかる。

　図表 5 - 2には各国の新型コロナによって生じた負の外部効果による悪影響が示されている。図表 5 - 1 と図表 5 - 2 で示されているとおり，各国の新型コロナへの初期対応の違いによって結果に大きな差があることが確認できる。初期対応が遅かった欧米諸国は人命も経済も救えなかったことが明らかである。アジア諸国を見ると，日本やタイ，シンガポールは人命の被害を最小限に抑えることができたが，経済の落ち込みを防ぐことができなかった。一方，新型コロナに対する初期対応が迅速だったことが評価された韓国は，他国と比べて人命，経済ともに救ったことがわかる。

　新型コロナによる韓国の人命被害と GDP 減少率で韓国の対応を評価すると，感染対策に成功したと言っても過言ではない。パンデミックを起こした新型コロナの感染拡大を抑制しながら経済の減退を防ぐというジレンマを解決した韓国の初期対応はどうだったかについて次節で具体的に述べたい。

2 ┃ 新型コロナへの韓国の初期対応

　韓国政府は中国の武漢で新型コロナ感染者が発生した後すぐに "関心" 段階

の危機警報を発表した。2020年1月20日に国内で初めての新型コロナ感染者が発生した時点で"注意"段階の危機警報を，4名の感染者が発生した1月27日に"警戒"段階に上げて，2月23日に危機警報の最高段階である"深刻"段階に上げることで対応した。

　韓国政府の公式的な初期対応は透明性，開放性，民主性の3原則に基づいた，検査（Testing）−追跡（Tracing）−治療（Treatment）という3T方式で特徴付けられる。3T方式の目標は，感染の初期段階で，症状発現−検査−検査結果の確認−入院までの一連の過程にかかる時間を最小限にすることである。たとえば，ソウル市は症状発現から入院までの時間を72時間以内に完了することを目標としている。初期で迅速に感染を抑えることで特徴付けられる韓国の対応を，以下では，代表的な事例としてソウル市の検査−追跡−治療過程の内容を具体的に取り上げながら，その特徴を説明する。

　第1に，過剰とも言えるほどの積極的な検査である。2015年中東呼吸器症候群（Middle East respiratory syndrome：MERS）がソウル市に拡散した際，ソウル市は，米国CDC（Centers for Disease Control and Prevention）が勧告した濃厚接触の基準である感染者2メートル以内の接触者だけを検査対象に限定し，感染拡大の阻止に失敗した経験がある。その失敗を繰り返さないように，新型コロナ感染症の際には感染者と直接接触した人だけでなく，感染が疑わしい人に対して積極的に検査を受けるように促した。検査を受けないと感染の可否を確定できず，追跡，治療の感染拡大防止につながる一連の過程が開始できないため，自ら検査を受けるようにするためのインセンティブとしてPCR検査費用を無料にし，検査場所を39か所に増やした。検査方法も，オーソドックスな検査以外に，ドライブスルー検査，ウォーキングスルー検査などの新しい方式も積極的に導入した。クラスター発生の場合，後ほど述べる情報技術を活用し，濃厚接触者だけでなく，近くを訪問したすべての人にまで検査を促している。これらによって迅速かつ広範囲に及ぶ検査が行われた。

　第2に，検査時点から結果が出るまでの時間を短くするために尽力した。韓国は24時間以内に検査結果を確認することを原則とした。検査が遅延しないように検査機関を民間機関にまで拡大した。MERSの対応失敗の教訓から診断キットを迅速に普及させるため，まだ認可されていない診断キットも使用でき

る「緊急使用承認制度」が制定された。新型コロナ感染が拡大する3月には，その制度を利用して，韓国全体の1日の検査数が2万件になるほどにまで増加した。検査を受けた人に結果が出るまで自己隔離を要請すると同時に，その間に疫学調査官が検査を受けた人の検査前48時間の接触者や移動動線を追跡調査した。疫学調査官もMERSの対応失敗以降，増員した経緯がある。

　第3に，感染者の治療体制の拡大，拡充による対応である。検査結果が陽性であれば，患者はすぐ陰圧隔離病室がある医療機関に入院させて治療を始めた。陽性判定から入院までは4.3時間しかかからない体制にしていた。ソウル市は病床996の陰圧隔離病室を確保していた。この陰圧隔離病室も，2015年のMERS対応の失敗から，陰圧隔離病室の設置を義務化する医療法の改正によって確保できたと思われる。感染者として入院して治療を受けた費用は，国籍を問わず全額を健康保険公団と国・地方自治体が共同で負担した。

　上記のように，検査と入院治療費を無料で提供し，検査場所へのアクセス，検査方法も容易にし，検査から入院治療まで迅速にした結果，疑わしい症状を感じた人々が自ら検査を受けに出てきやすい状況を作ったことは，韓国が新型コロナによる負の外部性を最小限に抑えられることに大きく貢献したと考えられる。また，MERSへの対応失敗の経験からくる制度整備と医療資源の拡充，および柔軟な活用が，新型コロナに対する初期対応を成功させた要因であることは言うまでもない。

　3T方式は数千名の専門的人材の投入，膨大な検査数，入院治療費用を必要とする社会的総力戦であった。

3 ｜ なぜ韓国は非医療介入政策を最小限にしたのか

　韓国は新型コロナに対してロックダウン，入国禁止措置，自宅隔離，移動制限などの非医療介入政策を最小限にする代わりに，前節で述べたように医療資源を総動員して感染症に対応した。韓国が非医療介入政策を最小限にした政治経済的な要因として以下の2点が考えられる。

　第1に，韓国の自営業比率の高さが背景にある。外から見る韓国経済はサムスン電子，LG電子，現代自動車などのような大企業中心のイメージが強いが，

図表5-3 自営業者比率の推移：韓国とG5の比較

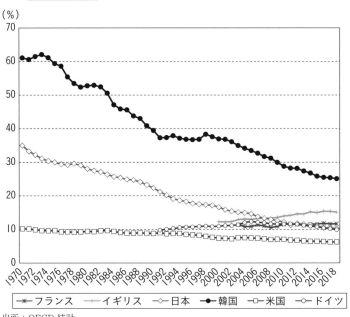

出所：OECD統計。

　実際は大企業と零細企業間の格差が非常に大きい二重構造になっている。**図表5-3**は韓国とG5の自営業者比率の推移を比較したものである。図表で示されるように，韓国の自営業者の比率は2018年でも25.4％であり，日本10.3％，米国6.3％，ドイツ9.9％，フランス11.7％，イギリス15.1％に比べて著しく高いことがわかる。自営業者の比率はその国の文化的，制度的な特性などの多様な要因によって決まるが，一般的には産業化の進展に伴い減少する傾向がある。韓国の自営業者の比率も減少傾向にはあるが，依然として高い水準である。

　就業者の面でみると，自営業の重要性はさらに高まる。自営業部門の就業者は，自営業者，無給家族従事者だけではなく，その従業員も含まれる。**図表5-4**をみると，韓国の自営業部門の被雇用者比率は1990年から持続的に減少してはいるが，2018年現在でも40.8％を占めるほど高い。自営業者の中で人を雇っている割合は6.5％前後であるが，自営業部門の従業員の割合は1990年から2018年までの28年間全従業者の16％前後の高い水準で推移している。

図表 5 - 4　従業上の地位別就業者分布

年	自営業者	従業員あり	従業員なし	家族従業員	従業員	従業員(自営業部門)	従業員(その他)	自営業部門従業員
	(A)	(A1)	(A2)	(B)	(C)	(C1)	(C2)	(A+B+C1)
1990	28.0%	6.5%	21.6%	11.4%	60.5%	16.5%	44.1%	55.9%
2000	27.8%	6.9%	20.9%	9.2%	63.1%	17.5%	45.5%	54.5%
2010	23.5%	6.3%	17.2%	5.3%	71.2%	16.1%	55.1%	44.9%
2018	21.0%	6.2%	14.9%	4.1%	74.9%	15.7%	59.2%	40.8%

出所：Park［2019］.

　2020年の新型コロナ禍の初期，韓国は国会の第21代総選挙を 4 月15日に控えていた。韓国の文在寅政府の発足からいわゆる所得主導成長戦略の一環として最低賃金の急速な引き上げが行われ，2018年には16.4％，2019年には10.9％の引き上げがあった。たった 2 年間で27.3％の最低賃金の引き上げは従業員を持つ自営業者を苦しめた。引き上げられた最低賃金を支払う余力がない零細企業を経営する自営業者は雇用を削減することで最低賃金引き上げに対応したと考えられる[1]。現政府の不動産政策の失敗による賃貸料の上昇も自営業者に大きな負担となっていた。このような状況で，与党が総選挙で勝利するためには，すでに政府の経済政策によって損失を受けている自営業者の損失を最小限に抑える必要があった。ロックダウンや自宅隔離，営業制限，移動制限などのような非医療介入政策は，飲食店や小売，対個人サービス，運輸に多く従事する自営業者に致命的になる可能性が高く，政権側では自営業者と従業員の現政権に対する不満により総選挙で負けてしまうとの見方があった。そのため，自営業者の損失を最小限にする選択肢しか残ってなかったと言えよう。
　第 2 に，中国への高い貿易依存度がある。新型コロナが中国の武漢で発生し，中国全域へ拡散されたのち，韓国で最初の感染者が発見されてから 1 週間も経たないうちに，韓国の医師会は中国からの入国の全面禁止を勧告した。政府が医師会の主張を受け入れない中，医師会は2020年 2 月18日まで 6 回にわたって対国民談話を発表し，中国全域に対して入国禁止措置をすべきであると強く主

張し続けた。これに対して，政府は中国からの入国者が昨年に比べて80％減少していることと，特別疫学措置で対応可能であることから，中国からの入国禁止措置の必要性を否定した。政府と医師会の間で論争が激しくなるにつれて新型コロナに対する政府の対応措置に関する国民の信頼は著しく低下した。しかし，韓国政府は中国からの入国の禁止を踏み切ることができなかった。その背景には韓国経済の貿易依存度が非常に高いことがある。特に，中国への依存は顕著である。**図表5-5**は2000年から2019年までの韓国の米国・日本・中国の貿易依存度（＝｜輸出額＋輸入額｜/国内総生産）の推移を示している。韓国の貿易依存度は2019年に64％で，そのうち，米国・日本・中国への依存度は27％である。中国への依存度は特に高く，2004年以降10％を超えて推移している。

　韓国経済の中国への依存度を見るためには，貿易依存度よりも全輸出額に占める中国への輸出額の割合である輸出比率を見た方がより適切である。なぜなら韓国経済を主導している大企業は主に輸出で稼いでいるためである。韓国の

■図表5-5 韓国の米国・日本・中国の貿易依存度の推移（2000-2019）

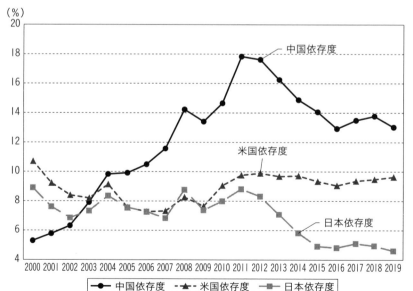

出所：KOSIS（Korean Statistical Information Service）.

全輸出に占める中国への輸出の割合は2009年から20％を超え続けている（**図表5-6**）。

　韓国経済全体が外国，特に中国に大きく依存している状況を考慮すると，医師会の主張のように中国からの入国の全面禁止ができなかったことは理解できる。中国からの入国の禁止措置を実施しなかった政策的な判断は新型コロナの悪影響が実体経済に及ばないようにするための苦肉の策だったといえる。

　高い自営業比率と高い貿易依存度のような韓国経済の構造的な特徴が新型コロナ対策への政策選択の制約要因になった。韓国に残された選択肢は医療資源の総動員による対応しかなかったため，MERS の経験から学んだ最も効果的な対応策をとることになる。ここで効率的・効果的に活用できる情報技術が韓国社会に浸透していたことはまさに救いの手だった。

図表5-6　全輸出額に米国・日本・中国への輸出額が占める割合（2000－2019）

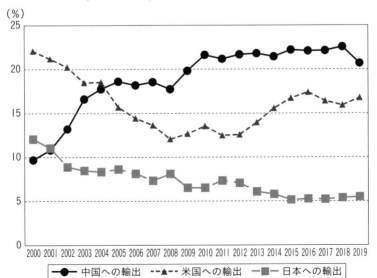

出所：KOSIS（Korean Statistical Information Service）.

4 プライバシー侵害と社会的統制

　韓国は MERS まで，感染者を特定し，他の人へ感染させないためにどの程度隔離し，どこまで情報を公開すべきかについて，社会的なコンセンサスが形成されていなかった。2015年の MERS の教訓から改定された「災害及び安全管理基本法」の38条②項により，災害の予報・警報体制を構築・運営できるようになった。その法律に基づいて災害管理責任機関長は必要な情報を音声や文字の形でスマートフォンへ送信することで，感染情報を迅速に公開することができるようになった。

　図表5-7は接触者に対する情報公開の程度を国際比較したウォール・ストリート・ジャーナルの記事をまとめたものである。

　韓国はどの国よりも多くの情報を公開しており，感染者を特定できるほどの個人情報まで公開されていることがわかる。詳しい個人情報を活用して，感染

｜図表5-7｜ 接触者に対する情報公開の程度：国際比較

公開する情報	韓国	シンガポール	香港	イギリス	ドイツ	米国(ニューヨーク)
性別・年齢	○	○	○	×	○	○
旅行歴	○	○	○	○	×	×
職場の住所	○	○	×	×	×	×
住所	○	○	○	×	×	×
海外流入場合の国籍	○	×	×	×	×	×
治療を受けた位置	○	○	○	○	×	×
発病前の訪問場所	○	○	×	×	×	×
発病確認方法	○	×	×	×	×	×
確認された接触者	○	×	○	×	×	×
陽性者の地理的情報	×	×	○	×	○	×
以前事例とのリンク	×	○	○	×	○	○

出所：https://www.wsj.com/articles/coronavirus-paves-way-for-new-age-of-digital-surveillance-11586963028

者を隔離し，感染防止に役立てたことは明らかであるが，行き過ぎた情報公開のため，国家人権委員会に感染者への深刻なプライバシー侵害問題が提起された。国家人権委員会の勧告を反映して，2020年3月13日に「感染者情報公開ガイドライン」が修正されて，職場名と自宅住所は公開されなくなったが，プライバシーの保護問題は依然として残っている。

　では韓国は感染者，濃厚接触者の情報をどのような方法で収集できたのか。まず疫学調査官が感染者との面談を通じて隔離のために必要な基本的な情報を獲得する。この情報を補完するために多様なデジタルデータを活用した。この背景には，韓国の新興宗教団体の信者である31番目の感染者が移動経路や接触者などについて虚偽の報告をしたことで，新興宗教団体内でクラスターが発生し，大邱市全域に広がった事態がある。このような虚偽の自己申告の問題を解決するために，韓国政府はスマートフォンの位置情報サービス，監視カメラ，クレジットカード決済情報を活用した。

　米国の調査機関 Pew Research によれば，韓国のスマートフォン保有率は94％で，世界トップである[2]。監視カメラも民間機関で800万台，道路などの公共施設に115万台が設置されている。**図表5-8**には公共施設に設置された監視カメラの設置台数の推移が示されている。監視カメラ設置台数は年々増加していることが図表5-8から確認できる。

■図表5-8　公共施設に設置された監視カメラ台数の推移

845,136　954,261　1,032,879　1,148,770

2016　2017　2018　2019

出所：KOSIS（Korean Statistical Information Service）.

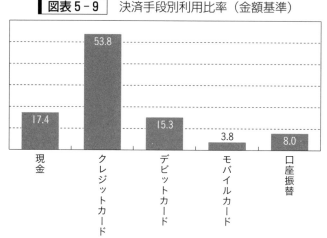

出所：韓国銀行「2019年支給手段及びモバイル金融サービス利用形態調査結果」。

　また，**図表5-9**に示されたように，韓国ではクレジットカードなどのキャッシュレス決済の利用比率が82.6％にのぼる。

　感染者の移動経路を確認し，感染者との接触者を識別するために上記のような多様なデジタル情報を得られる基盤が備えており，政府がそれを統合することで限られた人員と費用で大量な追跡が可能となった。まとめると，法制度の整備やデジタル化が進んだ社会的基盤，政府の統合などによって，前述の3Tを効率的に実行できたと言える。

　2020年4月から，疫学調査において接触者を識別する時間を短縮できる疫学調査支援システムが運用されるようになったことも画期的なことであった。このシステムは警視庁，与信金融協会，通信社3社，クレジットカード会社22社との協力体制で開発された。支援システムの構築により手作業で行われていた感染者の情報処理過程が自動的に処理されるようになり，情報処理の迅速性と正確性を担保できるようになった。また，感染者の移動経路，時間帯別停留地点を自動的に把握でき，クラスター内の感染源に関する多様な統計分析も可能となったことは非常に大きな出来事である。

　図表5-10は，各国の追跡方式とそのためのアプリの配布の有無をまとめたものである。韓国が他国に比べて最もデジタル化された情報を活用しているこ

国名	追跡方式	アプリ配布
韓国	スマートフォン位置追跡，クレジットカード使用内訳，監視カメラ	○
香港	入国者にスマートフォンと同期する電子ブレスレット提供	○
シンガポール	Bluetooth アプリ	○
タイ	高危険地域へ流入される対象に SIM 提供	○
ドイツ	通信会社が政府に情報転送・スマートフォンアプリ	開発中
イタリア	位置情報地図提供	開発中
イギリス	通信会社と国民保健サービスのパートナーシップ	開発中
米国	モバイル広告会社が位置情報を政府へ転送	―

図表 5-10 接触者の追跡方式とアプリ配布状況

出所：https://onezero.medium.com/the-pandemic-is-a-trojan-horse-for-surveillance-programs-around-the-world-887fa6f12ec9

とがわかる。

　法制度の整備に関しては，MERS の初期対応の失敗で明らかになった問題点を考慮して「感染症予防及び管理に関する法律」を改正した。最も大きな変化は第42条に感染症に関する強制処分を新設したことである。これによれば，保健当局は感染が疑わしい人や検査拒否者に対して，検査，隔離，治療，入院を強制的に行うことができる。新型コロナ対策のための社会的な統制がこの法律に基づいて強化されたことは事実である。たとえば，この法律によって，感染予防に重要なマスクの生産，流通，販売に政府が直接介入した。生産面では政府が生産者と直接交渉して価格と生産量を調整した。販売は薬局，郵便局，指定された小売店に限定し，国民の購入に関してはマスクの買いだめと転売を防ぐため，重複購入をリアルタイムで確認できるシステムを構築し，運営管理した。2020年10月13日からはマスクの着用を義務化している。また，ほとんどの生活関連施設に人数制限を設け，2020年７月からはカラオケ，居酒屋などを利用する際には，個人の識別ができる QR コードの提示と登録を義務化した。広範にわたる社会的な統制がデジタル技術によって行われている。

　韓国のコロナ対策は，感染者情報の収集と統合，配信によって感染者を効率的に発見し，２次感染を効果的に抑えたことに大きな特徴がある。その効果と

効率の反面，プライバシー侵害と社会的統制による問題も指摘されている。

5 | 今後の課題

　韓国の新型コロナ対策は感染拡大の初期におけるデジタル技術の活用による迅速な検出・追跡・治療の３Ｔに特徴づけられる。それにより，入国の全面禁止やロックダウンなどの極端な対策の不在の中でも感染症に効果的に対応できたといえる。MERSの経験からの制度の整備が功を奏した半面，高い自営業比率と貿易依存度からくる政策選択の制約によるやむを得ない選択だった面もある。

　初期対応は感染防止を優先する法制度とデジタル技術によってうまく機能したと言えるが，2020年末には韓国でも新型コロナ感染者が逓増している。デジタル技術があったとしても，疫学調査は基本的に訓練された保健専門家を多く投入しなければならない労働集約的な作業である。感染症の初期で感染者数が比較的に少ない間は３Ｔ方式と情報公開による対応は効果的だったが，感染症の長期化に伴う感染者の増加，特に感染経路不明者の増加はその効果を低下させる可能性がある。１年間持続的に保健医療資源のほとんどを投入し続けることには無理があることは明らかである。また，検査費と入院治療費用の無料化も長期的には維持しにくい施策である。

　初期対応の成功に陶酔して，持続困難な方式を維持した結果が，最近の感染者逓増につながった可能性がある。３Ｔ方式にこだわるよりも感染症の状況に合わせて，長期的な視野で柔軟に対応できるような政策を考えるべき時点にきたかもしれない。

▮注▮

1　Kim and Lee［2018］では2018年の最低賃金の引き上げが雇用減少に有意な影響を及ぼしたことを明らかにしている。
2　https://www.pewresearch.org/global/2018/06/19/2-smartphone-ownership-on-the-rise-in-emerging-economies/pg_2019-01-10_smartphoneupdate_0-01/

┃ 参考文献 ┃

伊禮琢人・丸山大介・山本大輔［2020］「コロナ対策　早いほど少ない死者と経済損失」日本経済研究センター『経済百葉箱』第154号, https://www.jcer.or.jp/research-report/20201014-3.html。

Kim Dae-Il and Jungmin Lee［2019］"The Employment Effect of the Minimum Wage Hike in 2018 in South Korea," *The Korean Journal of Economic Studies*, Vol. 67 (4), 5-35. (in Korean)

Park, Jungsoo［2018］"Self-Employment Sector and Functional Income Distribution of Korean Economy," *The Korean Economic Forum*, Vol. 12 (4), 27-68. (in Korean)

Sachs D. Jeffrey, Christian Kroll, Guido Schmidt-Traub, Guillaume Lafortune, Grayson Fuller, and Finn Woelm［2020］"The Sustainable Development Goals and COVID-19. Sustainable Development Report 2020," Cambridge University Press.

宮川 大介 | 第 **6** 章

コロナショックと企業退出

―実証事実と政策評価[1]―

　新型コロナウイルス感染症（COVID-19）に関連して生じた国内外の需要・供給両面に及ぶショックは，企業の存続と退出に対してどのような影響を与えているのだろうか。厳しい事業環境の下で企業による自発的な退出（休廃業・解散）の件数は2019年比20％増程度の水準で推移している。一方で，何らかの債務不履行を伴う退出（倒産）の件数は記録的な低水準で推移している。本章では退出の「態様」間で確認されるこうした差異を中心に，企業の存続と退出に関する実証事実をデータに基づいて整理する。その上で，企業金融に関するコロナ禍の政策措置を規範的観点からどのように評価すべきかを整理する。

1 | 退出をめぐる論点の整理

（1）企業業績と休廃業・解散の動向

　新型コロナがもたらしたいわゆる「コロナ禍」における企業業績の悪化が懸念されている。特に，対面接触型のサービス業における需要の急減による売上高の低迷が，多くの企業の事業存続にまで影響を与えているとされる。例えば，2020年9月23日に㈱東京商工リサーチ（TSR）が公表した「2020年1-8月休廃業・解散企業動向調査」では，2020年1月から8月までに全国で「休廃業・解散」[2]した企業数が前年同期比で23.9％増の高水準にあることが報告されている。

　2020年1月に日本国内で初めての感染者が確認されて以降，感染拡大の第1波を受けた4月の緊急事態宣言の影響から消費者の外出自粛や飲食店などの営業自粛が進み，5月あたりまでは企業活動の急速な収縮が続いた。その後，新規の感染者数が減少傾向に転じたこともあって徐々に経済活動が再開したものの，本章執筆時点（2020年12月）までの間にはすでに第2波，第3波と呼ばれる新規感染者数の増加が生じており，引き続き予断を許さない状況が続いている。

（2）理論的想定と倒産の動向

　標準的な経済理論では，事業活動が将来にわたって低位にとどまる（トレンド成長率の低下）と予想された場合や，事業活動の行く末を見通すこと自体が困難（成長率に関する不確実性の高まり）な場合において，事業継続を断念した企業が市場から退出すると考える（例：Miyakawa *et al.* [2020]）。第1波以降の業績悪化を経験した一部の企業が事業の先行きを悲観し，たびたび訪れる新規感染者数の増大と対応する自粛要請によって事業の先行きに対しても不安を抱えている様子を踏まえると，休廃業・解散に関する現在の動向はこうした理論的想定と整合的である。

　一方で，市場からの退出に関する別の態様である「倒産」に目を向けると，

状況は全く異なる。例えば，前述の TSR が直近期として公表した2020年11月における全国企業倒産件数（負債額1,000万円以上）は前年同月比21.7%減であり，同月に限れば1971年以降の50年間で実に２番目の低水準である。一般的には，負債を抱えた企業は負の経済ショックに脆弱である。これは，必ずしもすべての企業が円滑に銀行借り入れなどの外部資金を利用できるわけではないためである。こうした想定の下では，倒産件数が歴史的に見ても少ない現状は異様ともいえる。

（3）政策の効果と評価の視点

　こうした退出の「態様」間での差異をもたらしている要因としては，言うまでもなく各種の補助金に代表される政策的な介入のほか，公的信用保証などをフルに活用しながら実施されている企業金融面での資金繰り支援が存在する。企業の資金繰りに関するリアルタイムの状況をデータに基づいて把握することは必ずしも容易ではないが，例えば，2020年10月27日付の日本経済新聞朝刊に掲載された早稲田大学の根本直子教授の論考では，日本リスク・データ・バンクが保有する企業の銀行口座情報に基づく実態把握から，2020年４月以降の時期において企業の借入に関する厳しさの度合いが急速に緩和され，同時に預金が増加している様子が紹介されている。この預金増のインパクトは，事業活動に伴う出金の減少が入金の減少を上回っていることによってわずかに増加した事業性キャッシュフローを大きく上回っている。このように借入環境の「改善」と時を同じくした大幅な預金の増加は，民間金融機関および公的金融機関による積極的な資金繰り支援が強力に機能していることを示唆するものである。

　企業倒産は，その直接的な影響として雇用機会の喪失をもたらす深刻なイベントである。また，予期せぬ倒産によってそれまで蓄積されてきた事業のノウハウや技術が散逸する可能性もあることも踏まえると，上記の強力な支援策によって企業倒産が回避されていること自体は社会的に見て望ましい面を含んでいる。すでに具体的な検討内容が報道されているように，企業の資金繰り円滑化を目的とした政策措置が延長される動きは，こうした面を重視したものといえるだろう。

　しかし，ここで注意すべきは，各種の政策措置にはさまざまな「資源」が必

要となるという当然の事実である。上記の補助金支給が財政負担を伴っていることは言うまでもないが，公的信用保証などを背景とした民間金融機関の融資や公的金融機関の融資が実行された後に債務不履行が生じた場合，この貸し倒れに対応する財政負担が政府部門に発生する。

なお，政策措置に際しての資源を議論する際には，仮にこうした支援を実施しなかった場合に何が生じていたかという観点も必要となる。例えば，事業見通しに明るい展望が持てない企業が，政策的な支援の下で短期的な雇用の維持を目的として事業を継続した場合，本来は他の経済活動に従事することでより大きな経済価値を生み出すことができていた人や資金という資源が非効率な形で利用されてしまうことになる。

経済・社会全体の視点から政策措置を評価するためには，足下で生じている事実をデータに基づいて描写するだけではなく，このように何らかの「規範的」な視点をもってその描写に検討を加える必要がある。本章の目的は，企業の事業活動に関するさまざまなデータを事業の存続と退出に重点を置きながら整理したうえで，政策措置の規範的な評価に向けた視点と論点の整理を行うことにある。

（4）ポイントとなる情報

こうした評価を試みるにあたって，退出の「態様」間で確認される差異は重要な情報を与えると考えられる。ここで，債務不履行を伴わない形での休廃業による退出が増加している中で，何らかの負債を抱えたまま退出する倒産だけが非対称に減少していることは既述のとおりである。こうした情報に，休廃業・解散企業と倒産企業との間での成長性などの属性に関する差異の有無というデータを加えることで，規範的観点から現状の政策措置をどのように評価すべきかを明らかにすることができる。もちろん，本章での議論は本章執筆時点（2020年12月）における情報のみを参照しているという意味でおのずから限界がある。しかし，こうした制約を前提としても，今後も引き続き大規模な政策措置の拡充が進められる可能性もあることを踏まえると，現時点までの情報を基にして規範的な評価の視点と論点を整理しておくことには一定の価値があると考える。

　次節以降の構成は，以下のとおりである。第1に，コロナ禍における企業の事業環境に関する変化を前述のTSRが実施したアンケート結果を参照しながら整理する。第2に，こうした状況下で倒産と廃業の両態様における企業の退出動向がどのような形で推移しているかを確認する。その上で，第3に，コロナ禍において導入されている各種の企業金融面の政策措置（資金繰り支援）が企業の事業継続と退出に対してどのような影響を与えている可能性があるか，また，そうした政策措置を規範的な観点からどのように評価すべきかを整理する。最後に，本章での議論を踏まえて今後継続的な検討が必要と考えられる論点を整理する。

2 ｜ コロナ禍における事業環境の変化と退出動向

（1）企業業績の概要

　すでに各種の公的統計に基づく理解が進んでいるとおり，コロナ禍における企業業績の変化は，2020年4〜5月を一旦の底として回復の様相を示している。もちろん，本章執筆時点（2020年12月）において感染拡大の第3波が到来しているとも報じられており，消費者に対する外出自粛や飲食店などに対する営業自粛の動きが再度見られていることから，今後急速な事業環境の悪化が再度生じる可能性もある。しかし，新型コロナの実態そのものが全くの未知であり，政策措置に関する検討材料そのものが極端に乏しかった感染拡大第1波の時点に比べると，各企業がテレワークの導入に代表される自社の事業継続に向けたさまざまな取り組みを進めたこともあり，経済活動の面では一旦の小康状態にあると考えてもよいだろう。

　図表6-1はコロナ禍におけるこうした企業業績の推移を概観する目的から，TSRが毎月実施している企業向けアンケートの結果を要約したものである。同図における棒グラフは，横軸で示した各月に対応するアンケート回答企業（概ね1万社から2万社）の売上高（月商）が前年の同月と比べてどの程度の水準にあるか（前年同月と同水準の場合を100とする）を聞いた設問に対する回答から，その中央値を求めたものである（左軸）。また，実線は，回答企業

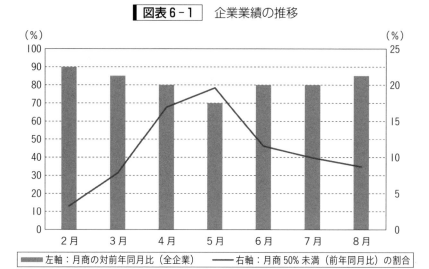

図表6-1　企業業績の推移

出所：TSR が実施した企業向けアンケート調査の結果から筆者作成。

のうち各月の月商が前年同月の50％を下回ったと回答した企業の割合を示している（右軸）。

（2）2つの事実

　図表6-1から，第1に，中央値が示す代表的な企業の業績が，2月から4月にかけて前年同月比で20％程度の売上減少に見舞われた後，緊急事態宣言直後の5月において同30％減まで悪化していた様子がうかがえる。このアンケートに対しては，製造業，卸売・小売業，サービス業，建設業をはじめとする幅広い業種に属する企業がバランスよく回答しているが，企業規模に関して8割強の企業が資本金1億円以下の企業となっているほか，当然のことながらアンケート実施時点において事業継続に大きな支障を来している企業は含まれないという理由から，このデータをもとに日本企業全体のマクロの動向を推し量る際には注意が必要となる。

　こうした認識を踏まえて，2020年4〜6月期の企業活動に関する公的統計である法人企業統計を確認すると，同期の企業部門の売上高は前年同期対比で17％のマイナスであった。図表6-1の計数は企業規模に関するウェイト付け

を行っていないため，法人企業統計のようなマクロ統計との乖離が生じる可能性があるものの，法人企業統計との差はそれほど大きくはない。このことは，コロナ禍初期における企業業績の悪化が幅広い企業群において生じていたことを示唆している。

　第2に，図表6-1で示した特に深刻な業績の悪化（前年同月比50%未満：実線・右軸）に直面している企業割合の推移からも，2020年5月が企業活動に関する一旦の底であったことがうかがえる。なお，こうした極端な落ち込みを経験した企業の一部がその後の回復過程において，順調に回復してきた企業に後れをとるという可能性も想像される。具体的な数字は紙幅の関係で割愛するが，TSRアンケートデータからは，2020年6月以降の回復過程において同業種に属する企業間の売上高水準の格差が拡大したという事実は見受けられない。これらの結果は，一定範囲の企業群が面的な負のショックを受けたのち，少なくともアンケート回答企業に関しては比較的似通った回復過程を経ていることを意味している。

3 ｜ コロナ禍における企業退出

　前節で概観したとおり，売上高で見た企業業績が8月までに急速な落ち込みと一定程度の回復というサイクルを示す中，休廃業・解散件数は前年対比20%増を超える水準となった。業種で見た件数ベースでは，当然のことながら，サービス業，建設業，小売業といったそもそもの企業数が多い業種において多くの休廃業・解散が生じている。そこで，こうした業種ごとの企業数の違いを考慮するために，2019年からの休廃業件数の増加率を業種ごとに整理してみると，金融・保険業，建設業，サービス業，運輸業が上位に位置するという結果になった（前述の休廃業・解散企業動向調査より）。

　一方で，負債額1,000万円以上の企業倒産件数は，2020年2～3月にかけて一旦増加傾向を示した後に5月以降ほぼ一貫して前年同月を下回っている。**図表6-2**は，横軸に示した各月における倒産件数とその前年同月からの伸び率（左軸）を示したものであるが，倒産に係る法的手続きの遅延から極端に倒産件数が減少したとされる2020年5月とその反動で若干2019年を上回る倒産件数

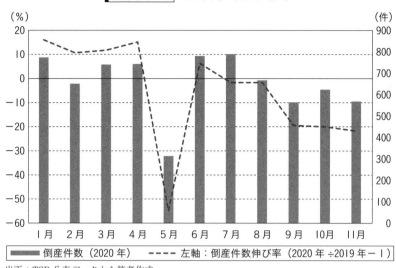

図表6-2 企業倒産件数の推移

出所：TSR公表データから筆者作成。

となった6月以降は，前年同月10〜20％減の水準で推移している。

　公表情報によれば，こうした傾向は業種を問わず確認されている。例えば，11月実績で見ると，製造業において前年同月4％減の件数である以外は軒並み前年同月比20％減を下まわる水準となっている。

4 ｜ 規範的観点からの政策評価

（1）政策措置の効果と実証事実の整理

　前節で確認した企業業績の推移，増加する休廃業・解散件数，歴史的な低水準に留まる倒産件数の背景には，各種の政策措置が存在している。

　第1に，コロナ禍初期において感染拡大を早期に終息させるための緊急避難的措置として発出された緊急事態宣言は，消費者の行動変容と飲食店などを中心とした営業自粛を通じて経済活動に対して大きな負の影響を及ぼした。この政策措置は，行動制限による早期の感染抑え込みによって短期的に生じる経済

面での負の影響を甘受したうえで，中長期的な経済活動の早期回復を狙ったものであったと整理できる。残念ながら，第 2 波，第 3 波の到来に見舞われている現在の状況を踏まえると，こうした戦略が必ずしも成功したとは言えないが，行動制限を伴う政策処置が経済にどのような影響を与えるかを理解する上では重要な情報を得る機会になったといえるだろう。

　この点に関して，コロナ禍初期における企業の倒産動向を分析した宮川ほか［2020b］や宮川［2020］が明らかにしているとおり，2020年 4 月までの期間において，緩やかな行動制限政策を受けた消費者行動の変容による人出の落ち込み（経済活動の代理変数）が企業の倒産動向とクリアに対応していたことが確認されている。これらの研究は，自社が所在している地域における経済活動の落ち込みが企業倒産につながるというメカニズムに加えて，販売先や仕入先企業が所在している地域における経済活動の低迷が自社の業績に波及するという一種のスピルオーバー効果や，近隣エリアにおいて自社所在エリアよりも緩やかな行動制限政策しかとられていない場合において，近隣エリアへの需要のシフトが起こるというメカニズムについてもデータに基づいて議論している。こうした先行研究の結果は，疫学的観点から導入された各種の政策が，さまざまな経路を通じて経済に対する強い負のショックを与えたことを確認するものである。

　第 2 に，こうした経済への負のショックを和らげる目的から，持続化給付金，雇用調整助成金といった直接的な補助金支給に加えて，公的信用保証を用いた民間金融機関による資金供給，政府系金融機関による緊急対応融資など，企業金融面における大規模な政策措置が導入された。既述のとおり，こうした資金繰り支援が図表 6 - 2 における倒産件数の低位での推移をもたらしていると考えられる。

　こうした想像を実証的に裏付ける形で，前述の宮川［2020］では，地域ごとの経済活動の低迷と倒産件数の増加がコロナ禍において時間を通じて「弱まっていく」様子を描写している。具体的には，コロナ禍初期は経済活動が弱まった地域においてより多くの倒産が確認されていたが，徐々にこうしたパターンが確認されなくなっている。また，宮川ほか［2020a］では，同様の結果を地域ごとの経済活動とリース料の延滞状況を比較することで追試した上で，こう

した地域レベルの経済活動と延滞確率の相関が2020年9月までの期間にわたって経時的に弱まっていることを確認している。これらの結果は，コロナ禍で生じた経済に対する負のショックが企業活動に影響を及ぼすリンクが，政策措置などによって効果的に遮断されたことを意味している。

この点を確認した別の試みとして，Miyakawa *et al.* [2020] では，コロナ禍前の企業業績と退出（倒産と休廃業・解散の両方を含む）との間のメカニズムを経済理論と企業レベルのビッグデータを用いてモデル化したうえで，コロナ禍における企業の業績悪化状況を当該モデルに投入することで，本来生じたであろう企業の退出数や退出確率をシミュレートしている。彼らがベースラインとしている試算では，2020年における企業退出は2019年対比で20%増程度に上るとされており既述の休廃業・解散件数の水準と符合するが，一方で，倒産件数とは大きな乖離がある。

（2）政策評価の視点と参照すべき情報

以上の議論を踏まえて，企業の事業活動を支援することを目的とした政策措置の現況について，どのような評価が可能となるだろう。この点に関する整理の一例として，Brunnermeier and Krishnamurthy [2020] では，多様かつ柔軟な資金調達チャネルを有することで短期的なショックに伴う事業の低迷が即時的な清算につながる可能性の低い「大企業」と，何らかの外部資金制約に直面している「中小企業」とを区別したうえで，後者については，緩和的な企業金融面での支援策を講ずるべきであると主張している。こうした主張の背後には，資金繰りに窮した場合に市場からの即時退出を余儀なくされる中小企業において，経営資源が散逸することによる社会的な損失が大きく，経済的にはこうした中小企業の退出を回避すべきという理論的想定がある。では，こうした想定は現下の日本経済にとってどの程度もっともらしいのだろうか。

ここで重要となるのは，休廃業・解散企業が増加している中にあって，倒産が非対称的に強く抑制されているという既述の事実である。このことは，退出時に返済可能な水準の負債しか抱えておらず，その意味で，望みさえすれば即時的な清算に直面することなく事業を継続することが可能な企業群が休廃業・解散という形態で市場からの退出を選択していることを意味している。こうし

た中で，返済を要する負債を抱えている企業群が前年よりも低い倒産件数にとどまっているという現象をどのように評価するかがポイントになる。

　いま，成長性の高い企業が将来的な事業の拡大を狙って借り入れを増やしていると仮定しよう。負債を抱えたこれらの中小企業はその成長性の高さを踏まえるに，即時的な清算を避ける社会的な意義の高い企業群であると考えてもよいだろう。上記の仮定が正しければ，相対的に成長性の低い企業群は高い水準の負債を抱えていないため，政策的な目標として倒産を可能な限り回避することが設定され得るだろう。現在観察されている退出の態様間の非対称的なパターンが規範的な観点から是認されるためには，このように，負債の有無が成長性や生産性といった企業パフォーマンスとタイトに結びついている必要がある。

（3）データに基づく検討

　上記の仮定が現実と整合的か否かをデータに基づいて検討するために，**図表6-3**の2枚のパネルでは，コロナ禍直前の2018年から2019年にかけて休廃業・解散（白抜きグラフ）もしくは倒産（網掛けグラフ）した企業の，その直前期である2016年から2017年にかけての売上高の成長率を比較している。同図における上のパネルは全産業に属する企業を，下のパネルは製造業に属する企業のみを対象としたものである。

　第1に，退出の態様間で，退出直前の売上高成長率に大きな違いは認められない。この結果は，売上高成長率の計測時点をより古い時期に設定しても概ね同様であり，前述の仮定が必ずしも現実と整合的ではないことを示唆している。もし成長性の水準に差がないのであれば，負債を持つ企業のみが非対称的に高い確率で事業を継続することは，合理的な判断のもとに休廃業・解散を通じて自主的に退出した企業と同程度のパフォーマンスであるにもかかわらず非効率な存続を果たしている企業が存在していることになる。こうした状況は資源の非効率な利用につながる可能性があるだろう。

　第2に，こうした事実の一方で，図表6-3のデータを詳細に検討すると，倒産企業の方が過去の売上高成長率のばらつきが大きいこともわかる。このことは，倒産企業の中に休廃業・解散企業に比して高い成長性を示すケースが相

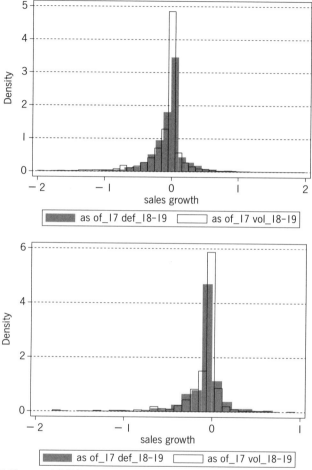

図表6-3 退出前の売上高成長率（上パネル：全産業，下パネル：製造業）

出所：TSR企業情報データより筆者作成。

対的に多く含まれるということを意味している。こうした高い成長性を持つ企業が負債を抱えながら事業を営んでいるというケースについては，既述のロジックのとおり，資金繰り支援などを通して倒産を回避する政策が支持されるだろう。

　以上の議論は，コロナ禍というショックを受ける前の時点における属性のみ

を参照したうえで，企業の存続・退出に関する現況を評価したものである。混乱時の非効率な退出を防ぐという目的からは，幅広い企業を対象とした資金繰り支援を行うことには一定の意義もあると考えられるが，事前の属性に関する大きな差がない企業について，返済可能な負債の存在によって事業活動の存続と退出が分かれているという現況は，現在の金融面からの企業支援策が過大な水準となっている可能性を示唆するものでもある。

　さらに，ここまでの議論がコロナ禍前の企業の成長性のみに着目しており，成長性の乏しい企業が退出した場合に，当該企業が保有していた人的資源や経営ノウハウが再利用されるという点を考慮していない点にも注意が必要である。実際には，退出企業で用いられていた資源がより生産性の高い企業において引き続き活用される可能性もある。こうした退出後の資源の再配分は，倒産を抑制するという現下の政策のコスト（機会費用）として認識すべきものであろう。

5 今後の課題

　ここまでの議論は，休廃業・解散企業と倒産企業を比較することで，現在とられている企業金融面に関する政策措置の評価を試みたものである。こうした議論は，今後どのような政策措置を継続・導入するかを検討する上で必要なものである。では，こうした規範的観点からの議論をより精緻に行うためには，どのような追加的な情報や検討が必要となるだろうか。

　第1に，企業活動を可能な限りリアルタイムで把握する情報整備が重要である。一般的に企業の月商に代表される高頻度の業績データは，アンケートなどの特殊な取り組みを行わなければ外部から把握することができない。また，退出の態様のうち休廃業・解散については，債権者を含めた法的な手続きが生じない場合も多いためその観測に時間的なラグが伴う。この点に関して，本章で紹介した宮川ほか［2020a］には，企業の業績変化と退出の間に存在する「金融契約（リース契約）に基づく支払いの遅延」に着目して，企業活動のリアルタイム計測を試みているという特徴がある。企業の財務データに代表される伝統的なデータに加えて，いわゆるオルタナティブデータ（代替データ）と呼ばれる新しいデータ系列が注目されているが，例えば，決済や送金といった情報

のほか，本章でも取り上げた人流のデータや衛星画像を用いた経済活動の計測などを組み合わせることで，政策評価の基礎となる現状の適時把握が可能となるだろう。

　第2に，補助金の支給対象や将来的に財政負担を伴う可能性のある金融支援の対象となった企業の状況を政策措置の実施前後にわたって追跡する構えが必要となる。このとき重要になる点として，比較対象となり得る企業群についても同じ時点における企業活動の状況を把握しておく必要性が挙げられる。これは，特定の政策の効果を定量的に評価するために，政策処置を受けた企業と，当該企業と比較可能だが政策処置を受けていない企業とを適切に比較することが求められるためである。すでに中央官庁を中心とするエビデンスに基づく政策マネジメント（EBPM）の掛け声の下で，いくつかの政策の運用にあたってはこのような形で計測されたデータを用いた評価が必須となっている。コロナ禍における政策措置に費やされている膨大な資源のごく一部を評価の準備に充てることで，実施された政策の評価だけではなく，将来にわたってのデータに基づいた政策デザインが可能となるだろう。

　第3に，こうしたミクロデータに基づいた議論に比してより大きな視点として，日本経済全体の行く末に関するビッグピクチャーの検討が有用である。本章でも繰り返しハイライトした点として，企業が退出した後に当該企業で利用されていた資源が他のより成長性の高い企業で有効活用されるというメカニズムがあった。目先の倒産を回避するという方策のみを重視した政策措置で本当に良いのか，資源の円滑な再配分を実現する仕組みづくりを志向することの経済的な便益はどの程度なのかという点についてさらなる議論が必要である。

　最後の点に関連して，**図表6-4**は前述の TSR アンケート結果を再度参照することで，コロナ禍の各月の売上高が前年同月を「上回っている」と回答した企業の比率を示したものである。コロナ禍に対応した経営戦略を採用している企業が大幅な増収を実現していることが報道されているが，同図からは，6月以降の同比率の回復が頭打ちになっていることがわかる。こうした成長企業の割合が図表6-1における中央値で見た月商の回復動向に比して緩やかな動きにとどまっているという結果は，コロナに対応することで事業拡大を実現している企業が企業全体に占める割合としては限定的であることを意味している。

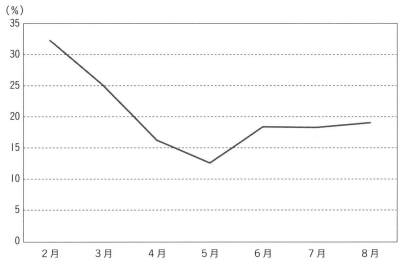

図表6-4 前年同月対比で増収の企業割合

出所：TSR公表データから筆者作成。

では，こうした企業にはどのような特徴があるのだろうか。報道されているいくつかの事例を踏まえる限り，デジタル化に積極的に取り組み，コロナ下での生活様式に合ったプロダクトやサービスを効率的に生み出している企業が想像される。こうした企業群へ資源が集まることで，結果として，日本経済全体のマクロパフォーマンスも改善することが想像される。企業金融に関する政策措置は個々の企業の置かれた状況を踏まえたミクロの視点から実行されるが，その際に，こうしたマクロの視点も踏まえることの重要性が意識されるべきと考える。

6 ｜ おわりに

本章では，新型コロナに関連して生じた国内外の需要・供給両面に及ぶショックが，企業の存続と退出に対して与えている影響を，企業金融面における政策措置の効果を踏まえて描写した。その上で，退出の態様間で確認される非対称的な状況と退出企業のコロナ前の属性などに着目することで現時点にお

ける政策措置の評価を試みた。本章での議論は，現時点までの限られた情報を
もとにした暫定的なものであり改善の余地が大いに残されている。データの収
集に必要十分な資源を投入したうえで，政策措置の評価にあたっての規範的な
観点を正しく踏まえた検討が行われることで，現在も継続する新型コロナへの
対応を適切に検討することが可能となるだろう。

▎注 ▎

1　本章の執筆にあたって，宮川努（学習院大学），細野薫（学習院大学），滝澤美帆（学習
院大学）から多くの有益なコメントを頂いた。ここに記して，感謝の意を表したい。
2　休廃業と解散を公式に定義したものは存在しないが，一般的には，何れも債務の不履行
を伴わない形で市場から退出することを意味し，特に解散登記を行う場合が解散に分類さ
れている。

▎参考文献 ▎

宮川大介［2020］『コロナ危機後の行動制限政策と企業業績・倒産―マイクロデータの活用
による実態把握』，小林慶一郎・森川正之編「コロナ危機の経済学」第14章，日本経済新
聞出版，7月。

宮川大介・王嘉睿・宮本佑真・雪本真治・柳岡優希［2020a］「コロナ禍における債務不履行：
リース料金支払データを用いた実証分析」『RIETI Special Report』2020年12月28日。
https://www.rieti.go.jp/jp/special/special_report/124.html

宮川大介・尻高洋平・武政孝師・原田三寛・柳岡優希［2020b］「コロナショック後の人出変
動と企業倒産：Google ロケーションデータと TSR 倒産データを用いた実証分析」，『RIETI
Special Report』2020年 4 月13日。https://www.rieti.go.jp/jp/special/special_report/114.
pdf

Brunnermeier, P. and A. Krishnamurthy ［2020］ "Corporate Debt Overhang and Credit Pol-
icy," *BPEA Conferences Drafts*, June.

Miyakawa, D., K. Oikawa, and K. Ueda ［2020］ "Firm Exit during the COVID-19 Pandemic :
Evidence from Japan, " forthcoming at *Journal of the Japanese and International Econo-
mies*.

川上 淳之 第 **7** 章

コロナショックによる
労働市場の変化[1]

　本章は新型コロナの2020年10月までの労働市場への影響をみる。完全失業率の上昇要因に企業の雇用調整による雇用の再契約の停止・一時休業・人員整理が挙げられる。また，長時間の就労を望む割合が高まり，副業を持つ割合も上昇している傾向がみられた。

　有効求人倍率の低下は，緊急事態宣言の解除までの求人の減少，宣言解除以降の求職の増加が影響している。UV 分析からアベノミクス以降高まっていた雇用の過剰感の低下もみられる。

　地域・職業・雇用形態間で起きる雇用のミスマッチは，20年3月以降高まり，5月をピークに9月までにかけて低下している。求職者の超過供給は，南関東・京都・大阪の地域，製造業・飲食産業で発生していることも示された。

1 はじめに

新型コロナ（COVID-19）はわれわれの生活習慣に強い影響を与えたが，働く環境にも強い影響を与えている。2020年1月に2.4％だった完全失業率は8月時点で3.0％まで上昇し，完全失業者数は47万人増加した（ともに季節調整値）。有効求人倍率も，1.44から0.95まで低下している。

図表7-1は2005年から2020年10月にかけての完全失業率と有効求人倍率の推移を表したものである。この図からは，2009年以降，安倍政権下で改善していた雇用環境が，この1年の間に反転していることが示される。この集計で直近の2020年10月，完全失業率は3.1％であったが，これは，2016年ごろと同水準である。有効求人倍率も直近で1.04であるが，これは2014年初頭と同水準なのである。

この図からは，コロナショックによる雇用環境の悪化と比較して，リーマン

■図表7-1 完全失業率と有効求人倍率の推移（2005－2020）

出所：完全失業率は総務省「労働力調査」，有効求人倍率は厚生労働省「一般職業紹介状況」。ともに季節調整値。

ショック期である2008，2009年の失業率の上昇の方が大規模なものであるが，有効求人倍率はリーマンショックもコロナショックもともに約0.5％ポイント低下しており同規模の変動をもたらしていることが示される。また，リーマンショックが発生したのは，2008年9月であるが，完全失業率の上昇がみられるのは2009年に入ってからであり，ピークに達するのは発生からおよそ1年後の2009年8月である。このことから，危機状態にある企業は，その危機の発生直後には雇用を維持し，労働時間などそれ以外の調整手段をとるが，その後に雇用に対して調整を進めるプロセスをとる可能性もみられる。本章を執筆している2020年12月現在で，厚生労働省に対して寄せられた相談・報告を集計したものであっても，今後雇用調整の可能性がある事業所数は全国で11万8,453，解雇などが見込まれる労働者数は7万5,341人であると報告されている。このことからも，まだ雇用環境の悪化は収束をみない状況であるといえる[2]。その点では，2020年12月10日現在の状況をもって，コロナショックの雇用への影響をすべて評価することはできず，ショック後初期時点の影響という限定的なものであることに注意すべきであろう。

　本章は，このような状況下において，特に新型コロナの発生から起きたマクロレベルの雇用環境の変化を，主に完全失業率と，有効求人倍率に注目をし，その内容を精査する。そこから，このような労働市場の変化がどのようなプロセスを通じて生じたものであるのかを明らかにしたい。失業については，失業状態にある理由，企業の雇用調整の方法に着目する。また，有効求人倍率については，職業間のミスマッチがどれだけ発生しているのかを検討し，どのような職業に対して，企業からの需要が減少しているのかを考察したい。

　第2節では，完全失業率を失業状態にある理由別にみることで，人々がどのようなプロセスで失業状態にあるのかをみる。また，そのなかで雇用調整の手段として休業が多く取られていることから，休業時の雇用維持の手段として採用される副業保有の最新の状況をみたい。第3節では，有効求人倍率の推移をみることから，雇用のミスマッチがどのように推移しているのかを外観する。第4節では，どのような職業が新型コロナの影響を受けているのかを，日本版O-netとのマッチングデータを用いて検証する。第5節で本章のまとめと残された課題を示す。

118

2 ┃ 2020年以降の労働市場の変化

（1）完全失業率の変化

　図表7-2は2019年から2020年にかけての完全失業率および完全失業者数の推移を表したものである。新型コロナが雇用に与える影響は，その発生した1月以降から確認されるが，その影響が顕著に現れるのは，緊急事態宣言が発令され，ロックダウンされた4月以降である。ただし，緊急事態宣言が解除された5月以降も改善はみられず，8月以降に失業率，失業者数ともに上昇している。

　この失業の増加がどのような要因で増えたものであるのかは，同じ「労働力調査」の求職理由別の完全失業者数の推移をみることから検討できる（**図表**

■図表7-2 完全失業率と完全失業者数の推移（2019-2020）

出所：総務省「労働力調査」より筆者が作成。完全失業者数を労働力人口で除して計算している。
　　　数値は，季節調整値を使用している。

7-3）。求職理由は，離職を伴うものと伴わないものに分けられる。さらに，それぞれ離職を伴うものは「定年又は雇用契約の満了による離職」「勤め先や事業の都合による離職」，伴わないものは「学卒未就職」「収入を得る必要が生じたから」「その他」に分けられる。

コロナショック以降，1～3月にかけてはどの理由においても失業者数の伸びはみられるが，その動きは理由によって異なっている。4月以降で最も大きな伸びをみせているのが，「勤め先や事業の都合による離職」である。緊急事態宣言が発令された4月，終了した5月以降も勤め先や事業の都合で離職する失業者は増え続け，10月には45万人に達している。この「勤め先や事業の都合による離職」は，企業の倒産や事業所の閉鎖，人員整理などによって離職したケースによるものである。

この集計で注意する必要があるのは，パート・アルバイト，契約社員，派遣社員でみられる雇用の契約期間が定められているときに，契約期間が満了となった際に再度契約が延長されなかった，いわゆる「雇い止め」のケースは含

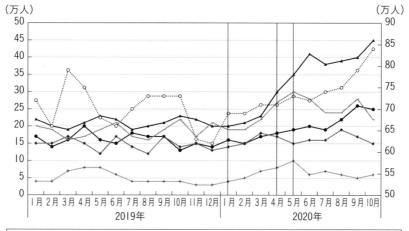

図表7-3　求職理由別完全失業者数の推移

出所：総務省「労働力調査」より筆者が作成。

まれていない点である。「定年又は雇用契約の満了による離職」をみると，緊急事態宣言前後では大きな変化はみられないが，8月以降に契約期間が満了となり離職するケースが増えていることがわかる。総務省「労働力調査」によれば，役員を除く雇用者に占める有期雇用者の割合は約25%，有期雇用者の約半数は1年以内の契約期間である。

　離職を伴わない「学卒未就職」や「その他」による失業者は，前年と比較して大きな変化をみせていない。ただ，「収入を得る必要が生じたから」という理由で求職していたケースが，緊急事態宣言下で高まっていた。

　一方で，自己都合による離職による失業は，1月から6月にかけてはゆるやかに，8月以降は急激に上昇している。自己都合による離職の規模は他のケースと比較して大きいことも重要である。勤め先都合による離職は10月で45万人であるのに対して，自己都合による離職は85万人に近い値に近づいている。この自己都合には，結婚や育児，介護などの自分で選択する離職も含まれるが，勤め先で行われた人員整理の際に，早期退職者に対する優遇制度を利用して退職した場合も含まれる[3]。その他の自己都合による理由がコロナショックの影響を受けていないとすれば，この伸びは勤め先の人員整理の影響があるといえる。

　この期間に，企業はどのような手段で雇用調整を行ったのだろうか？　厚労省「労働経済動向調査」[4]を用いて2019年から2020年4－6月期にかけて雇用調整の内容別に企業がどのような雇用調整を行っていたかを確認したい（**図表7－4**）。緊急事態宣言のあった4－6月期に注目すると，この期間における雇用要請の実施割合が増えているのは，残業規制，休日・休暇の振替と増加，所定内労働時間の短縮など，労働時間の雇用調整が多いことがわかる。一方で，図表7－3でみたように派遣労働者の削減や臨時・パートタイム労働者の再契約停止といった，契約期間を延長しないといった対応がされていることも示されている。

　一方で，4－6月期において顕著に雇用調整が伸びているのが，一時休業による雇用調整である。一時休業とは，企業側の都合により所定労働日に自社の雇用者を休業させる制度であるが，労働基準法第26条で定められているように，平均賃金の100分の60以上の休業手当を支払う義務がある[5]（新型コロナの影

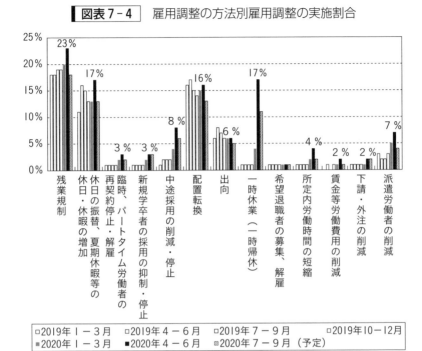

図表 7 - 4 雇用調整の方法別雇用調整の実施割合

出所：厚生労働省「労働経済動向調査」より筆者が集計。回答は複数回答であるため，合計値は100％を超える。

響を考慮して，雇用調整助成金を適用することで，大企業では手当の 3 分の 2，中小企業では 5 分の 4 が支給される。通常はそれぞれ 2 分の 1 と 3 分の 2[6]）。労働力人口に占める休業者を休業者率としたとき，「労働力調査（詳細集計）」によると，コロナショック前の2019年10 - 12月期には完全失業率も休業者率もともに2.5％であったが，緊急事態宣言のあった2020年 4 - 6 月期には，失業率は3.1％まで上昇しているが，休業者率は6.0％まで高まっている。この変動は，勤め先都合による休業が増えたためである。ここからは，コロナショックが経済に与えた影響を捉えるときには，これまで使用していなかった指標に注目する必要があることがわかる。

（2）副業のニーズの高まり

　休業以外にも総務省「労働力調査（詳細集計）」は，2018年以降，一般に用いられる完全失業者数を労働力人口で除して得られる完全失業率に加えて，未活用労働指標1〜4（LU1〜4）という対象を拡大した失業指標を掲載している。LU1は月末1週間の求職活動という完全失業者の定義を1か月間の求職活動に拡大したものである。LU2はLU1に週35時間未満の労働時間で，労働時間を増やすことを求める追加就労希望就業者を加えたものである。LU3はLU1に，LU4はLU2にこれまで非労働力人口にカウントされていた潜在労働力人口[7]を加えている。

　その集計結果をまとめたものが**図表7-5**である。求職期間の長さで区分される完全失業者と失業者については，2020年においてもともに上昇傾向があるものの，平行して推移している。一方，求職意欲のある潜在労働力人口と比較すると，全体的にその値が上昇するとともに，4－6月期から完全失業率との

図表7-5　未活用労働指標の推移（2019－2020年7－9月）

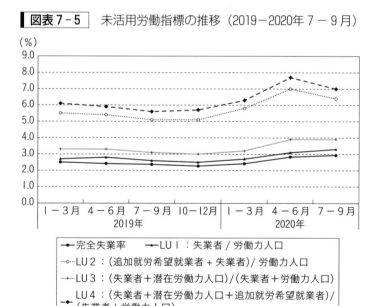

出所：総務省「労働力調査（詳細集計）」より筆者が作成。

間で差が広がっている。この時期に，これまで仕事を得ることを考えていなかった層が求職をしたいと考えているか，求職活動していた者が求職活動を止めて，非労働力に転じたものと考えられる。

　しかし，潜在労働力以上に規模が大きいのは，追加就業希望者を加えたLU2，LU4である。この追加就業希望者は労働時間の増加を希望するものであるが，この人数がコロナショックによって拡大していることも示される。LU2＋LU4は，2019年では，完全失業率と比べて3％ポイントほどの差であったが，緊急事態宣言のあった4－6月期には4.2％ポイント，7－9月期においても3.5％ポイントの差がついている。この背景には，図表7－4でみたような労働時間抑制的な雇用調整が行われたことと，一時帰休が行われたことが挙げられるだろう。

　ただ，この追加就業希望には，勤め先の労働時間を伸ばしたいという希望を表すものであるといえるが，勤め先の他の仕事で労働時間を伸ばすという副業を希望する者も含まれる。この集計をふまえて，実際に副業を持つ者が増えているかを確認するために，総務省「家計調査」を用いて2人以上世帯の世帯主の雇用に関する副業率を集計した（**図表7－6**）[8]。2018年以前と2019年以降で副業率が上昇しているが，これは「働き方改革」の中で副業を認可する企業が増えたことが要因であると考えられる。一方，2020年に入ってから横ばいで推移しているが，緊急事態宣言のあった4月のタイミングで上昇。一時収束していた6月以降も，副業を持つ者が減少していない傾向が確認される。

　この時期に副業が増えた背景には，前述のように休業が増加したことや業績の悪化した企業の雇用調整の手段が挙げられる。例えば，全日空は社員の年収が3割ほど減少する見通しの中で，副業制度を見直し，勤務時間以外に他の会社との雇用契約を結べるように方針を転換している[9]。外食産業においても，同様の対応する企業がみられる。居酒屋の塚田農場も，自社の従業員を副業という位置付けで他の小売店などで働く「従業員シェア」を行うとしている[10]。このような，急激な景気悪化による労働時間の短縮や休業に対して副業を認めるという施策は，リーマンショック期の製造業でもとられた方法である[11]。

　また，コロナショックの中で進んだテレワークも，副業を促進した可能性がある。テレワークの導入は，これまで通勤に費やされていた時間を節約するこ

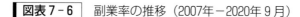

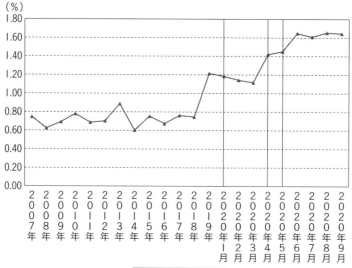

図表7-6　副業率の推移（2007年-2020年9月）

＊ 副業率（雇用）

出所：総務省「家計調査」より筆者が作成。2人以上の世帯の集計表を用いて，世帯主（本人）の雇用者としての副業を持つ回答した有業世帯主の人数を，有業世帯全体の人数で除して求めた。この集計は，一般に用いられる「就業構造基本調査」の副業率よりも低い値であり，参考として用いられたい。

とができるし，WEB上で仕事を遂行することができるようになったことも，副業が促進される一因となっているだろう[12]。

3 ｜ 有効求人倍率と雇用のミスマッチ

　ここまでみてきた失業率が求職者の増減の情報を扱っているのに対して，厚労省「一般職業紹介状況」で公表されている有効求人倍率は，求人数を求職者数で除して求めるものであることから，求職者のみではなく求人の情報も含むことになる。また，「一般職業紹介状」は同時に就職件数も報告しているため，求人数と求職者数の大小の比較のみでなく，両者との間でどれだけマッチングが行われたのかも把握することができる。

　有効求人倍率と，求人数・求職者数・就職件数の対前年比を図示したものが

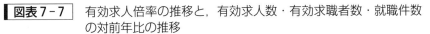

| 図表 7-7 | 有効求人倍率の推移と，有効求人数・有効求職者数・就職件数 の対前年比の推移 |

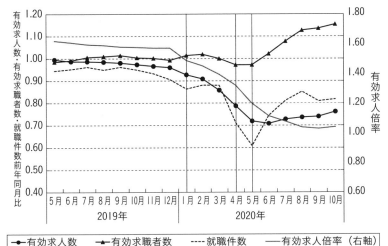

出所：厚労省「一般職業紹介状況」より筆者が作成。使用した数値はすべて季節調整値。

図表 7-7 である。図表 7-1 と同様に有効求人倍率は2020年に入り右肩下がり で低下している。有効求人倍率とは，求職者1人当たり求人がどれだけあるか を示す指標であるため，この低下は仕事の数が減少していることを表している ようにみえる。ただ，その定義を顧みると，求人数の低下以外にも，有効求職 者数の増加によってもその値は低下するのである。

　図表 7-7 は，同時に求人数と求職者数の変化についても表している。コロ ナショック以降の期間においても，その時期によって求人と求職の影響に違い がある点に注意する必要がある。1月から緊急事態宣言にかけて，求職者数は 横ばいで推移しているが，求人数が前年同月比の7割ほどまで下落している。 いわゆる第1波の明けた6月以降は，求人数は緩やかにしか回復していない一 方で，求職者数が昨年の1.15倍まで伸びている。

　上記の動きに加えて注目したい指標が就職件数の変動である。有効求人倍率 を計算するために用いる「一般職業紹介状況」は，公共職業安定所（ハローワー ク）の業務統計であり，その業務における求人数と求職者数を掲載している。 ハローワークの統計であるという点に注目すると，求人と求職のバランスとと

もに，そのハローワーク内において，どれだけの就職が決定されたのかも重要な指標であるといえる。この就職件数の動きをみると，2020年に入ってから低下しているが，緊急事態宣言のあった４，５月に大きく落ち込んでいる。６月以降，就職件数は回復しているが，10月の時点で昨年の８割程度で推移している。有効求人倍率との比較でも４，５月の落ち込みは大きく，緊急事態宣言下において，ハローワークの機能が低下していたことがうかがえる。

　この有効求人倍率をみる上でもう１つ注意する必要があるのが，労働市場のミスマッチという課題である。有効求人倍率は，現在1.04でありほぼ１に近い値をとっている。これは，ハローワークにおいて企業が求める求人数と仕事を探す求職者の人数がほぼ一致していることを意味しているが，それでも，失業がなくなることはない。これは，企業が求める人材と，求職者との間でミスマッチが存在するためである。このミスマッチは，地域，雇用形態，職業，産

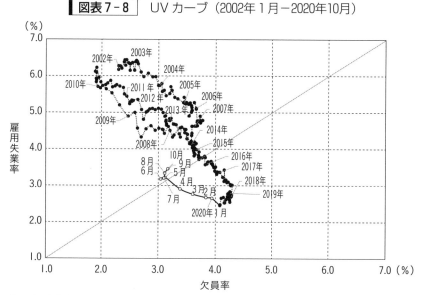

図表7-8　UVカーブ（2002年１月－2020年10月）

注：雇用失業率および欠員率は労働政策研究・研修機構（2019）で用いられている計算方法を使用した。雇用失業率＝完全失業者数/（雇用者数＋完全失業者数），欠員率＝（有効求人数－就職件数）/（雇用者数＋有効求人数－就職件数）
出所：総務省「労働力調査」，厚生労働省「一般職業紹介状況」より筆者が作成。

業など，さまざまな要因が考えられる。

　労働経済学では，このミスマッチの状況を視覚的に把握するために，UV
カーブというグラフを用いる。このUVカーブは，時系列のデータに対して横
軸に企業が求人を満たすことができていない割合を示す欠員率（Vacancy
rate），縦軸に求職者が仕事を得られない割合（Unemployment rate）を示す
失業率をとる散布図である。**図表7-8**のUVカーブは，労働政策研究・研修
機構［2019］で用いられている推計方法を用いて，2002年1月から直近の2020
年10月までの欠員率と雇用失業率をプロットしている。

　景気が低迷している時期は，職不足の状態が続き失業率が高く欠員率が低い
ために左上に値が表れることが多く，好景気のときには，人不足の状態となる
ために失業率が低く欠員率が高い右下に値が表れることになる。2002年ごろは
ITバブルの崩壊に続く景気の低迷期であるために左上に値が多く，その後の
景気拡張期には右下に値が表れる。しかし，2008年にリーマンショックによる
景況の悪化により，左上に急激な移動をする。その後，2019年末までカーブは
右下に移動している。特に，安部政権下の2015年以降は，雇用失業率よりも欠
員率の方が大きい人不足の状態にあったことが示される。

　コロナショック以降は，2015年からおよそ4年かけて推移してきた人不足の
状態が，わずか半年ほどで解消されている。2020年5月において，欠員率と雇
用失業率はほぼ同数に至っているが，このときの失業率は2015年の均衡時より
も低い。そのため，この時期よりもミスマッチは2015年の時点と比べて小さい
と評価できるが，8月以降失業率の上昇が見られている点は注意する必要があ
るだろう。また，このわずか半年の間に生じた変化が非常に急激なものであっ
たことも注視する必要がある。

4 ┃ どのような職業でミスマッチが生じたか？

　コロナショックの大きな特徴は，ウイルスの感染を避けるために休業を余儀
なくされた仕事と，この時期に利用が拡大したZoomなどのツールを用いたテ
レワークを利用し，これまでと同様に継続できた仕事に大別される点にある。
パーソル研究所の「第三回・新型コロナウイルス対策によるテレワークへの影

響に関する緊急調査」[13]では，コンサルタント，クリエイティブ職，企画・マーケティング，経営企画などの職種では64.3％〜74.8％の高い割合でテレワークが利用されていたが，製造，ドライバー，理美容師，福祉系専門職では2.5％〜3.4％しか利用されていなかったことを示している。

　ミスマッチの影響を推計する方法として，職業や地域の影響を計測することが容易である Jackman and Roper［1987］という手法があるが[14]，この推計方法は，求人と求職のマッチングの効率性を考慮していないという問題が指摘されており，この問題に対処している新たな手法が Şahin et al.［2012］によって開発されている。

　この推計方法の考え方は，Şahin et al.［2012］の手法を日本のデータで検証している川田［2019］の解説によれば，以下のとおりである。まず，この労働市場に計画者がいる場合の最適な求人と求職の配分を，マッチング関数の最適化問題から計算する。このマッチング関数とは，t 期の市場 i における求人数 v_{it} と求職者数 u_{it} と就職件数 h_{it} との関係を表すもので，コブ＝ダグラス型の関数形を仮定して，次のような式で表される。

$$h_{it} = a_{it} v_{it}^{\beta} u_{it}^{1-\beta} \tag{7.1}$$

　この式において，求人数や求職者数の増加は就職件数を高めると考える。また，その就職件数を高める影響は，マッチングの効率性 a_{it} によって変動することになる。この式に，それぞれの市場の求職者数の総計が総求職者数に等しくなるという制約式をおくことで，最適化問題をとき，各市場に最適配分される求職者数 u_{it}^{*} を求める。u_{it}^{*} を実際に計算するためには，求人数，求職者数，効率性 a_{it} にパラメーター β が必要となる。この中で a_{it} と β は直接観察することができないため，マッチング関数を「一般職業紹介状況」の求人数，求職者数，就職件数のデータを用いて推定し，その推定結果からパラメーターを得る。計算された最適な求職者数 u_{it}^{*} が達成された時の就職件数 h_{it}^{*} と実際の就職件数 h_{it} を比較する。この比較がミスマッチの指標となる[15]。

　川田［2019］はこの分析手法を用いて2012〜2017年のミスマッチ指標の推移を示し，川田［2020］はこの推計を2020年まで延長することで，コロナショッ

クが雇用に与えた影響を推定している。川田［2020］はマッチング関数の効率性を推定しており，その結果から，地域においては中部・近畿・北関東地方と，特に南関東地方において，緊急事態宣時にマッチングの効率性が大幅に低下したことが，地域間のミスマッチに影響を与えたことを示している。

　ここでは，川田［2019］が紹介している分析手法に倣い，ミスマッチ指標の推移を「一般職業紹介状況」の都道府県×職業分類×雇用形態（パートタイムとフルタイムの区分）レベルの集計データから分析を行う。ただし，この区分では有効求人数と有効求職者数は公表されているが，就職件数は公表されていない。そのため，本章の分析は，厚労省雇用政策課より提供された集計データを用いて分析を行っている。なお，提供されたデータにおいて，職業分類は中分類[16]に区分されている。

　実際の回帰分析を行うにあたっては，(7.1) 式の両辺を求人数 u_{it} で除し，対数変換を行うことで，線形の関数に置き換える。その推定式は以下のとおりである。

$$ln p_{it} = ln A_{it} + \beta ln \theta_{it} + ln \varepsilon_{it} \tag{7.2}$$

■ 図表7-9　マッチング関数の推定結果

	係数 /t 値
有効求人倍率対数値	0.481*** 214.42
定数項	−2.505*** −1150.56
サンプルサイズ	169315
決定係数	0.254

注：7.2式のマッチング関数を最小二乗法で推定した結果。アスタリスクは***は有意水準1％で係数が有意であることを示す。t値はWhiteの修正による標準誤差で計算したt値である。

p_{it}（$=h_{it}/u_{it}$）は就職確率，θ_{it}（$=v_{it}/u_{it}$）は有効求人倍率である。$\ln\varepsilon_{it}$ は回帰分析で説明できない確率的な誤差項である。(7.2) 式の推定結果は**図表7-9**に示し，β の推定値は0.481であることが計算された。マッチングの効率性は，この定数項に残差を加えることで推計する。ここで計算された値から，最適配分されたときの各市場における求職者数 u_{it}^{*} を求め，これを再びマッチング関数に代入することで，h_{it}^{*} を求めた。推計された h_{it}^{*} のすべての市場で合計をして h_t^{*} を求め，ここから実際の就職件数 h_t との差を $(h_t^{*}-h_t)/h_t$ で求め，ミスマッチ指標とする。

計算されたミスマッチ指標をまとめたものが，**図表7-10**である。ここでは，職業分類を中分類でとる推計に加えて，比較対象として職業分類を大分類でとった場合の推計値も掲載している。なお，中分類の推計では雇用形態をフルタイムとパートタイムに分け，大分類の推計では雇用形態を区分せず，合計値を用いている。この推計から，ミスマッチ指標は市場を細かく分類することで，

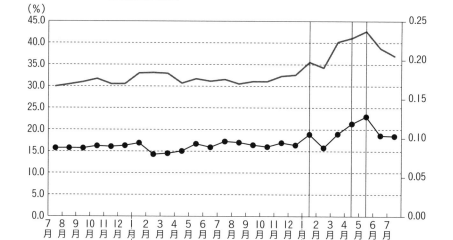

図表7-10 雇用のミスマッチ指標の推移

注：中分類は職業を中分類とし，雇用形態をフルタイムとパートタイムに区分して推計している。
　　大分類は職業分類を大分類でとり，雇用形態をフルタイムとパートタイムの合計値としている。
出所：厚生労働省「一般職業紹介状況」を用いて筆者が推計。

そのミスマッチの度合いが高く評価されることが示される。例えば，職業大分類で計測する場合は，生産関連事務で働きたい求職者と会計事務の求人との間にミスマッチがあると評価されないが，中分類で計測するとその差は表れることになる。この差異は，2019年では 4 月以降低下しているが，2020年は低下せず，横ばいで推移していることから，職業大分類内でのミスマッチも発生していることが考察される。

　川田［2019］は多面的にこのミスマッチ指標を評価しており，推計のプロセスで導出される最適な配分時の求職者数である u_{it}^* と実際の配分である u_{it} との差を市場×年次で計算することで，求職者の過大（過少）供給を計測している。ここでは，同じく川田［2019］で用いられている推計方法を採用して，$u_{it} - u_{it}^*$ から計測を行った。その推計された雇用の過大供給・過少供給の状況を，コロナショック以前（2017年 7 月～2019年12月）と以後（2020年 1 月～ 7 月）に分けてまとめた。**図表 7 -11**は都道府県の比較，**図表 7 -12**は職業間の比較である。

　都道府県の比較をみると，もともと雇用の過大供給感の高かった南関東，愛知，大阪・京都に新型コロナの影響が大きく現れたことがあり，雇用の過大がさらに高まるという結果が得られている。一方で，影響が相対的に小さかった東北地方の岩手・秋田・山形・福島の 4 件では雇用の供給が過少になっている。

　職業別に比較をすると，コロナ危機以降に供給が過大になった職業には，加工品・自動車・機械組立の製造業および生産関連事務という，コロナショックにおいて，海外とのサプライチェーンが絶たれた製造業への影響がみられる。一方で，飲食物調理や接客・給仕という飲食店への影響，自粛を受けた移動の抑制による運搬の職業でも同様の傾向がみられる。一方で，もともと求職者が過剰であった一般事務やその他の運搬職は過剰感が抑制され，その他の専門職・研究職・社会福祉の専門職で不足感が高まっている。なお，医療部門など，ハローワークにおいて求人が行われることの少ない職業においては，この指標に影響が現れないことについて，注意をする必要がある。

　これらの職業にどのような特徴があるのかを示すために，職業別の仕事内容，知識，スキルなどの情報を指数化して公開している日本版 O-NET から得られる職業情報[17]を，ここでみた職業中分類ごとに集計し，仕事内容とコロナ

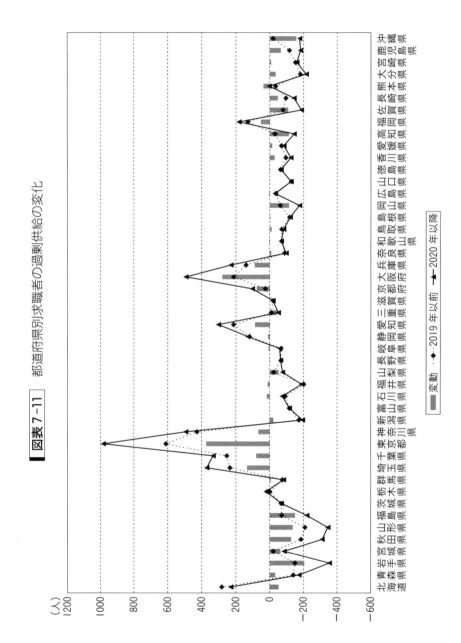

図表 7-11 都道府県別求職者の過剰供給の変化

図表 7−12　職業別求職者の過剰供給の変化

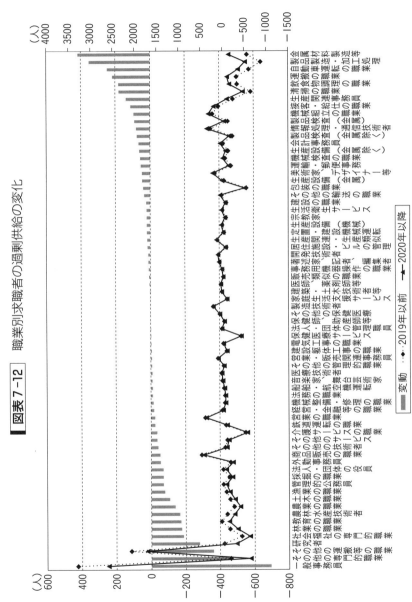

注：推計方法は本文を参照。2019年は2017年7月から2019年12月の平均値，2020年以降は2020年1月から7月までの平均値を計算している。

資料：厚生労働省「一般職業紹介状況」を用いて筆者が推計。

ショック期における雇用の過剰感との関係を分析する。被説明変数を，過大（過少）供給の前年同月差として，2020年以降の月次データを用いて推定をした結果が，**図表7-13**である。

　この結果からは，外部の顧客と接する仕事でコロナ期に過大供給となっている傾向が確認される。同じように顧客と接する仕事であっても，電話での会話

┃図表7-13┃ 仕事の内容指標とコロナショック期における求職者の過大（過少）供給との関係

	全地域	全地域	緊急事態宣言あり	緊急事態宣言なし
他者とのかかわり	−366.00***	−365.20***	−360.90***	−365.60***
対面での議論	26.04	29.20	18.75	47.65
電話での会話	−62.84	−53.29	−135.70***	−51.39
ビジネスレターやメモの作成	−137.40***	−149.50***	−253.50***	−117.30***
仕事上での他者との対立	−194.10***	−186.90***	−478.80***	−126.90***
時間的切迫	226.40***	223.10***	461.40***	179.50***
グループやチームでの仕事	101.90*	113.80**	326.80***	47.49
外部の顧客等との接触	464.30***	465.90***	676.90***	422.80***
他者と調整し，リードする	−95.35	−101.10	50.84	−127.50
厳密さ，正確さ	−16.29	−35.02	−18.99	−33.33
同一作業の反復	−143.30***	−135.30***	−374.70***	−75.11
機器等の速度に応じた作業	231.10***	229.20***	102.60**	260.80***
結果・成果への責任	27.57	19.90	−141.70***	47.32
空調のきいた屋内作業	63.89***	63.94***	69.57**	64.17***
空調のきいていない屋内作業	45.73*	43.89*	115.40***	15.77
屋外作業	9.22	7.36	7.96	17.28
座り作業	−246.30***	−243.40***	−486.70***	−193.90***
立ち作業	−297.30***	−295.60***	−709.20***	−205.30***
反復作業	−5.77	−2.19	226.90***	−45.98*
都道府県ダミー	No	Yes	Yes	Yes
サンプルサイズ	28505	28505	5026	23479
調整済み決定係数	0.0254	0.0407	0.127	0.0261

注：被説明変数は雇用の過大供給指標の2020年月次の前年同月差である。これは，厚労省「一般職業紹介状況」を用いて川田［2019］の方法を用いて推計した。仕事の内容は，日本版 O-NET から「一般職業紹介状況」の職業分類に沿って筆者が集約した仕事の内容指標を用いている。掲載されている数値は係数，アスタリスク*，**，***は，それぞれ有意水準1％，5％，10％で係数が有意であることを示す。緊急事態宣言ありとした地域は，千葉県，埼玉県，東京都，神奈川県，京都府，大阪府，福岡県である。

やビジネスレターなどを用いる仕事については，その傾向は確認されない。一方で，同じ職場内でグループやチームで行うような仕事では，緊急事態宣言のあった地域[18]でのみ，その供給が過大となる結果が得られている。この傾向は，空調の効いていない屋内作業，機器等の速度に応じた作業など，製造業に関連する仕事でも同様であった。

5 ｜ まとめと残された課題

　本章は，新型コロナの影響が2020年の労働市場に与えた影響を，失業が発生するプロセスと雇用のミスマッチの2つの側面から公表データを基に確認をした。完全失業率は緊急事態宣言の終了後も2020年10月現在上昇し続けている。その背景には，企業の雇用調整の状況を示す統計から契約期間の再契約停止，一時休業および人員整理が影響していることが示された。その中で，より長時間の就労を望む割合が増え，本業の仕事に加えて副業を始める傾向も確認された。

　有効求人倍率は2020年1月以降，低下傾向にあり，緊急事態宣言の解除まで求人数が大きく低下し，それ以降は求人数が伸び悩んでいるなかで離職をともなう失業が増加し求職者数が増えたことで，有効求人倍率が回復せずに推移していることが示された。UVカーブを用いた分析からは，2012年以降の安倍政権期間中に高まっていた人不足の状況が，半年間で解消されていた。均衡失業率は2015年時よりも低いが，6月以降悪化している。

　地域・職業・雇用形態間で起きる雇用のミスマッチは，2020年に入るまでは横ばいで推移していたが，3月以降に上昇し，5月をピークに低下したが，その水準は前年同月よりも高い。また，この時期に職業大分類内でミスマッチが起きている傾向も確認されている。

　求職者の過剰指標からは，これらミスマッチの影響は，緊急事態宣言が早期に発令された南関東地方，京都，大阪で高いこと，職業では輸出入を伴う加工製造業・自動車製造業，接客を伴う飲食産業に従事する職業で高いことも示された。

　本章の分析は，2020年10月まで（雇用のミスマッチの分析は7月まで）の限

定された期間を対象に行ったが，図表７-１にも示されているように，コロナショックの影響は，新型コロナが終息していない中，雇用への影響はまだ続くと思われる。特に，これまで雇用を保護してきた企業がこの状況の長期化に対処するために人員整理に取り組むことも考えられる。今後も，労働関連指標を継続的に注視する必要があるだろう。

　職業別の分析については日本版 O-NET から得られる仕事内容が，コロナショックによりその需要が低下した仕事を捉えていることも示された。日本版 O-NET にはスキルに関する情報もあるため，このコロナショックによりどれだけの人的資本が失われたかについても，分析することができるだろう。また，本章は，雇用されている者に焦点を当てたため，自粛に伴い事業を廃業した自営業主およびその家族について，分析を行うことができなかった。非雇用者への影響も，今後の課題として残される。

┃注┃

1　本章の執筆に用いた「一般職業紹介状況」のデータは，厚生労働省雇用政策課より提供いただいたものである。データの利用にあたり，厚生労働省政策統括官付政策統括室藤井宏一氏にデータの使用に関して助言をいただいた。雇用政策課および藤井宏一氏に感謝したい。また，本章は2020年11月に行われたカンファレンスの出席者にご助言を頂き，本章の内容を改善することができた。ここに記して感謝したい。

2　厚生労働省「新型コロナウイルス感染症に起因する雇用への影響に関する情報について」（12月４日現在集計分）（https://www.mhlw.go.jp/content/11600000/000702278.pdf）より。

3　総務省「労働力調査」のホームページ上の「労働力調査に関する Q&A（回答）」のなかで，「F-12　早期退職優遇制度を利用して離職し，完全失業者となっている人は，非自発的な離職による完全失業者となるのですか？」という質問への答えとして，「通常の退職に比べて有利な条件を提示して企業が退職者を募集する，いわゆる早期退職優遇制度については，これに自ら応募して退職した場合には，自発的な離職による完全失業者になると考えられますが，このような制度やその運用の態様は企業によって様々であり，最終的には，離職者本人の実態を踏まえた回答により，上記のような自発的な離職か非自発的な離職かに区別されることとなります」と回答されている。

4　厚労省「労働経済動向調査」は四半期ごとに30人以上の事業所に対して実施される調査で，事業所の売上の動向，労働者の過不足感，雇用調整に関する項目を調べる調査である。

5　厚労省「厳しい経営環境の下での労務管理のポイント」（https://www.mhlw.go.jp/stf/houdou/2r9852000000tye7-att/2r9852000002tyi0.pdf）を参照。

6　さらに，解雇などを行わないで雇用を維持した場合は大企業で４分の３，中小企業で全

額が支給される。その詳細は，厚生労働省のホームページ（https://www.mhlw.go.jp/stf/seisakunitsuite/bunya/koyou_roudou/koyou/kyufukin/pageL07.html）を参照。

7　潜在労働力人口は，就業者でも失業者でもない者の中で，拡張求職者（1か月以内に求職活動を行っており，2週間以内に就業できる）就業可能非求職者（1か月以内に求職活動を行っていないが，就業を希望し，すぐに求職できる）のいずれかに該当する者を労働力人口に加えた人数である。

8　総務省「家計調査」で副業の保有の有無が掲載されているのは2人以上世帯の表のみであったため，ここでは2人以上世帯の世帯主の値を用いている。一般に用いられる副業率は総務省「就業構造基本調査」から集計されるが，この中では有業者に占める割合は4.0%であり，この集計はそれよりも低いため，推計上の誤差がある点に注意する必要がある。

9　日本経済新聞2020年10月10日夕刊 P.3。

10　日本経済新聞2020年7月30日朝刊 P.1。

11　日本経済新聞2009年2月5日朝刊 P.9。

12　川上［2021］は，ワークス研究所「全国就業実態パネル調査」を用いて，フルタイムの正社員において，副業率は約7％ほどであるが，テレワークを本業で利用している場合には，副業率が約17％であることを単純集計から示している。

13　全国の従業員10人以上規模に勤める就業者20−59歳の男女，正規雇用2万人，非正規雇用1,000人に対して，2020年5月29日から6月2日にかけて実施されたインターネット調査である。

14　この Jackman and Roper［1987］のミスマッチ指標を用いて東日本大震災が雇用に与えた影響を分析した研究に樋口他［2012］，リーマンショック期の研究に佐藤［2012］がある。

15　具体的な計算式は川田［2019］を参照。

16　職業大分類においては，職業は「管理的職業従事者」「専門的・技術的職業従事者」「事務従事者」などで区分される。職業中分類は，大分類よりも詳細に分類されている区分であり，「事務従事者」であれば，「一般事務従事者」「会計事務従事者」「生産関連事務従事者」などまで区分される。

17　独立行政法人労働政策研究・研修機構（JILPT）作成　職業情報データベース　簡易版数値系ダウンロードデータ　ver. 1.9　職業情報提供サイト（日本版 O-NET）より2020年11月6日にダウンロード（https://shigoto.mhlw.go.jp/User/download）を加工して作成。

18　緊急事態宣言ありとした地域は，千葉県，埼玉県，東京都，神奈川県，京都府，大阪府，福岡県とした。

┃ 参考文献 ┃

Jackman, Richard, and Stephen Roper［1987］"Structural Unemployment." *Oxford Bulletin of Economics and Statistics* 49(1)：9-36.

Şahin, Ayşeül, Joseph Song, Giorgio Topa, and Giovanni L. Violante. 2012. NBER Working Paper Series *Mismatch Unemployment.*

佐藤仁志［2012］「職業間ミスマッチの地域間格差に関する分析」『日本労働研究雑誌』（626）：15-25。

労働政策研究・研修機構［2019］『ユースフル労働統計2019─労働統計加工指標集』独立行政法人労働政策研究・研修機構。

川上淳之［2021］『「副業」の研究─多様性がもたらす影響と可能性─』慶應義塾大学出版会。

川田恵介［2019］「日本の労働市場におけるミスマッチの測定」『経済分析』199：122-51.

川田恵介［2020］「COVID-19下の雇用創出　マッチング関数を用いた考察」『経済セミナー』2020年12月・2021年1月号：53-58。

樋口美雄・乾友彦・細井俊明・髙部勲・川上淳之［2012］「震災が労働市場にあたえた影響─東北被災3県における深刻な雇用のミスマッチ」『日本労働研究雑誌』（622）：4-16。

樋口美雄・乾友彦・細井俊明・髙部勲・川上淳之［2012］『震災が労働市場にあたえた影響─東北被災3県における深刻な雇用のミスマッチ（特集　震災と雇用)]『日本労働研究雑誌』622：4-16。http://ci.nii.ac.jp/naid/40019302214/.

滝澤 美帆 │ 第 **8** 章

コロナショックと働き方[1]

　（公財）日本生産性本部が実施した「働く人の意識調査」を用いて，新しい働き方の中でも特に在宅勤務に注目し，緊急事態宣言解除以降の在宅勤務の実施率や在宅勤務をしやすい労働者の特徴，在宅勤務による仕事の効率性や満足度の変化を調べた。結果，在宅勤務実施率は平均的にみると時間の経過とともに低下してきていること，大企業勤務，正社員といった属性の労働者が在宅勤務をしやすいこと，在宅勤務を行うことによる仕事の効率性が上がったと回答した割合は5割程度であり，満足度が高まったと回答した割合は7割程度であったことが明らかとなった。また，仕事の効率性や満足度は時間が経つにつれ上昇傾向にあることも明らかとなった。

1 ┃ コロナショックとマクロの GDP, 労働時間の動向

　新型コロナウイルス感染症の流行を食い止めるために講じられたソーシャル
ディスタンス（社会的距離）の確保に関連する措置は，経済にどういった影響
を与えたのか。日本においても緊急事態宣言が発令された頃から通勤途中や勤
め先での感染を予防するために，在宅勤務者の割合が増加した。感染症収束の
見込みが立たない中で，こうした働き方の変化による経済的影響を評価し，ど
ういった条件の下，どのような働き方を選択することで，アウトプットをこれ
までと同程度，あるいはこれまで以上に高めることができるのかを検討するこ
とは，感染を抑制しつつ，経済活動を維持，拡大する方法を見つける上でも重
要となる。

　図表8-1には，四半期 GDP と総実労働時間指数の推移が，**図表8-2**には，
それらの前期比伸び率が示されている。これをみると，戦後最悪の GDP のマ
イナス成長を経験した2020年第1四半期から第2四半期にかけては，労働時間

┃図表8-1┃ GDP と総実労働時間の推移

出所：GDP は四半期別 GDP 速報（2020年7－9月期2次速報値）の名目値を，総実労働時間指
　　　数は，毎月勤労統計調査令和2年10月分結果速報の指数を四半期で平均した値を使用して
　　　いる。いずれも季節調整系列である。

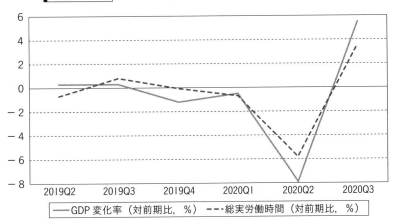

図表8-2　GDP変化率と総実労働時間変化率の推移

出所：図表8-1と同じ。

も大きく減少していることがわかる。一方で，同時期のGDPの減少率が労働時間のそれを上回っているため，平均でみた労働生産性は低下している。2020年の4-6月期は，外出自粛要請により，外食や観光などの需要が落ち込んだ時期ではあるが，在宅勤務の実施などいわば働き方が強制的に大きく変化したタイミングでもあり，経済全体でみれば，そうした働き方の変化が付加価値の維持，向上に結び付いていない様子がうかがえる。

　以上は経済全体の動向であるが，働き方の変化の程度や働き方の変化が生産性などのパフォーマンスに与える影響は，労働者や企業それぞれで異なると考えられる。本章では，どういった属性の労働者がコロナ禍において働き方を変化させたのかについて，先行研究や労働者へのアンケート調査データを整理することで明らかにする。

　本章の構成は以下のとおりである。第2節では，コロナショック以降に労働者へのアンケート調査を実施し，新しい働き方，特に在宅勤務の実施要因や在宅勤務と労働者のパフォーマンスに関する分析がいくつか行われているが，それらを紹介する。第3節では，2020年5月，7月，10月に（公財）日本生産性本部により実施された「働く人の意識調査」のアンケートを用いて，2020年4月の緊急事態宣言発令以降，人々の働き方に変化があったのかをデータを用い

て確認する。また，回答者の属性により，働き方の変化や，新しい働き方を行うことで仕事の効率性や満足度に変化が生まれたのかなどを，データを用いて観察する。第4節は，本章のまとめと残された課題について述べる。

2 コロナショックは労働者の働き方を変えたか ―労働者アンケート調査を用いた先行研究の紹介―

（1）在宅勤務がどれだけ職場勤務を代替できるのか

　新型コロナの影響で，場所に関する多様で柔軟な働き方が進んでいるが，職場における非公式な人間関係や情報交換のためのコミュニケーション関係（「社会関係資本（connective capital as social capital）」）が職務遂行や問題解決に重要な役割を果たしているとの指摘がこれまでもあった。中島ほか［2018］では，ウェアラブルセンサを使って企業内コミュニケーション・ネットワークを計測し，そうした対面コミュニケーションが生産性に及ぼす影響を分析し，「単に多数の社員とコミュニケーションを取ることは成果にとって有意な効果をもたらさない。しかしながら，適切な同僚から問題解決にとって適切な情報を能動的に獲得することが，その社員が主導するインシデントの解決に寄与する」（中島ほか［2018］，31頁）との結果を得ている。

　職場で業務を行わないことで，こうした対面コミュニケーションは減少するが，在宅勤務はこれまでの職場勤務をどれだけ代替できるのか。Dingel and Neiman［2020］では，米国の職業情報ネットワークに関するデータベース（O*NET）を利用し，さまざまな職種についての在宅勤務可能性スコア（全業務在宅勤務可能な場合を1，在宅勤務が全くできない場合を0とするスコアで在宅勤務のしやすさを示す指標）を算出している。例えば，彼らの試算では，システムエンジニアや数学者など（Computer and Mathematical Occupations）はすべての業務を在宅で行えるとしてスコアは1，大学教員なども含まれる教育関係職（Education, Training, and Library Occupations）は0.98，一方で，清掃・管理業務などが含まれる職種（Building and Grounds Cleaning and Maintenance Occupations）や飲食関係の職種（Food Preparation and Serving Related Occupations）は0と試算されている。また，彼らの分析では，

米国では37％の仕事が完全に在宅勤務で代替できること，また，これらの仕事は全般的に，自宅ではできない仕事よりも賃金が高く，米国の全賃金の46％を占めている一方で，都市や産業によって在宅勤務可能性が大きく異なることが示されている。

小寺［2020］では，日本版 O-NET を使用し，Dingel and Neiman［2020］の手法を当てはめることで，日本における在宅勤務が可能な就業者の割合を，雇用形態別，地域別，産業別に試算している。それによると，在宅勤務可能な就業者は３割程度であり，雇用形態別では正社員が３〜４割，非正社員が２割程度と試算されている。また，都道府県別では，東京が最も高く43％，産業別では金融・保険業が最も高く（87％），次いで情報通信業の割合が高かった（77％）。**図表8-3**には在宅勤務可能性の日米の試算結果がまとめられている。

以上の分析は，荻島・権［2020］でも指摘されているように，在宅勤務への代替可能性を示したものであり，例えば，システムエンジニアのような在宅勤務可能性が１と試算された職種であっても，職場でのコミュニケーションが重要な労働環境であった場合，在宅勤務により従来の生産性を維持できない可能性がある点に注意を要する。

■図表8-3■　日米における在宅勤務可能性の試算結果

在宅勤務可能性（職種別上位３職種，下位３職種） 米国（Dingel and Neiman［2020］）		在宅勤務可能性（産業別上位３産業，下位３産業） 日本（小寺［2020］）	
Computer and Mathematical Occupations	1	金融・保険	84％
Education, Training, and Library Occupations	0.98	情報通信	77％
Legal Occupations	0.97	教育・学習支援	63％
Construction and Extraction Occupations	0	医療・福祉	21％
Food Preparation and Serving Related Occupations	0	運輸・郵便	20％
Building and Grounds Cleaning and Maintenance Occupations	0	宿泊・飲食	7％

出所：米国は Dingel and Neiman［2020］による職種別の結果を示す。1に近いほど，在宅勤務可能性が高い。日本は小寺［2020］による産業別の結果で，産業内で在宅勤務可能な就業者の割合を示す。

（2）コロナ禍で在宅勤務に移行した労働者はどういった特徴があるのか

（1）では，主に職種による在宅勤務可能性を示した分析を紹介したが，次に，コロナ禍において実際にどういった属性の労働者が在宅勤務に移行したかを分析した研究を紹介する。

石井ほか［2020］では，独立行政法人労働政策研究・研修機構が，公益財団法人連合総合生活開発研究所と共同で2020年5月に実施した「新型コロナウイルス感染拡大の仕事や生活への影響に関する調査」のデータを用いて，労働者や企業の属性が在宅勤務実施率に与える影響について分析をしている。彼らの分析結果によれば，在宅勤務の実施要因について，プロビットモデルを用いた回帰分析を行ったところ，労働者の属性については，大卒や正社員，高収入，企業規模の大きい企業に勤めているほど在宅勤務実施の確率が高いことが明らかとなっている。

この結果については，特定の属性を持つ労働者が在宅勤務を実施しやすい仕事に就いているといった要因を反映している可能性も指摘できることから，石井ほか［2020］では，小寺［2020］によって計算された職種別の在宅勤務可能性指標を加工した変数をコントロール変数として追加するとともに，新型コロナウイルス感染症が流行する前の通常月の在宅勤務実施日数も説明変数に加えることで，業務特性による在宅勤務のしやすさ以外の要因で在宅勤務実施確率が異なるかどうかもテストしている。分析の結果，こうした要因をコントロールした場合でも，大企業に勤めていたり，高学歴，高収入である労働者の在宅勤務実施の確率が高いことが示された。

加えて，コロナ禍で速やかに在宅勤務に移行できたかは，勤務先や職場の方針などの労働者が勤務する企業の属性によっても異なり得るとの仮説の下，労働者の職場での人材マネジメントの善し悪しといった企業の属性が在宅勤務確率に与える影響についても分析が行われている。分析の結果，「職業能力やキャリアを高めるための機会や支援がある」，「精神的に過度なストレスがない」，「職場の人間関係がよい」など人材マネジメントの善し悪しを示す変数すべてが在宅勤務の実施確率を有意に高める傾向があり，在宅勤務の実施確率は労働環境

や職場管理の方針などの人材マネジメントの善し悪しによっても影響を受けることを明らかにしている。

（3）在宅勤務は労働者のパフォーマンスに影響を与えたか

（1）で述べたとおり，在宅勤務が実施できたとしても，それにより生産性が維持できるかどうかは自明ではない。森川［2020］では，2020年6月下旬に個人を対象に行ったインターネット調査データを用いて，労働者の主観的な生産性（具体的には，「あなたがふだん職場で行う仕事の生産性を100とすると，在宅勤務の生産性はどのぐらいですか。職場で行う全ての業務を前提に数字でお答えください」という設問への回答値）と，在宅勤務の関係を分析している。

分析の結果，在宅勤務の生産性は職場に比べて低い人が82％で，平均的な生産性はオフィス勤務の60〜70％程度であること，新型コロナ前から在宅勤務を行っていた人も職場に比べて在宅の生産性は低いが，新型コロナを契機に開始した人に比べると相対的に高いとの結果を示している。経済全体でみると，職場に比べて在宅勤務の生産性が低下することによる集計的な生産性の損失はマイナス7〜8％程度であるとの結果も示されている。

一方で，森川［2020］では，コロナショック以前から在宅勤務を行っていた人の生産性の低下幅が小さいことから，在宅勤務を行うための自宅のインフラや在宅勤務を行ううちに得られる経験によりノウハウが蓄積されることで学習効果があるとの考察も行っている。そのため，在宅勤務の生産性を改善するためには情報通信インフラの整備，法令や社内ルールの見直しが重要になると指摘している。ただし，これらの策を講じた場合でも，平均的には在宅勤務の生産性は職場の70〜80％前後に収斂するとの結論を導いている。

また，（2）で紹介した石井ほか［2020］でも，在宅勤務の実施と収入の関係を分析している。彼らは分析の結果，特定警戒都道府県については，在宅勤務を実施していた労働者の，月収と労働時間の減少幅が小さいことを示している。つまり，在宅勤務の実施はコロナ禍での月収と労働時間の低下を緩和する効果があると結論付けている。新型コロナの感染が深刻な地域では，通常通りの勤務は困難となり，そのような地域では在宅勤務実施の可否が，月収や労働時間の変化に影響を与えたと考えられる。

　図表8-4には，以上（1）から（3）で紹介した先行研究の結果をまとめている。

3 ｜「働く人の意識調査」データを用いた働き方に関する考察

（1）「働く人の意識調査」とは

　本項では，（公財）日本生産性本部が2020年5月から10月に雇用者に対して実施した，第1回から第3回「働く人の意識調査」データを整理した結果を用いて，コロナショックにより人々の働き方に変化が起きているのか，労働者の属性により働き方の変化に違いがあるのか，在宅勤務を含む新しい働き方は労働者の仕事の効率や満足度と関係があるかについて議論する。「働く人の意識調査」の概要は，**図表8-5**に示す。

図表8-4　労働者調査を用いた在宅勤務に関係する先行研究

（1）在宅勤務と職場勤務の代替性	**Dingel and Neiman ［2020］** 米国では37％の仕事が完全に在宅勤務で代替可 **小寺 ［2020］** 日本では就業者の3割程度が在宅勤務に代替可
（2）コロナ禍で在宅勤務に移行した労働者の特徴	**石井ほか ［2020］** 大卒や正社員，高収入，企業規模の大きい企業に勤めているほど在宅勤務実施の確率が高い 労働環境や職場管理の方針などの人材マネジメントがよいと在宅勤務実施確率が高い
（3）在宅勤務と労働者のパフォーマンス	**森川 ［2020］** 在宅勤務の生産性は職場に比べて低い人が82％で，平均的な生産性はオフィス勤務の60〜70％程度 コロナショック以前から在宅勤務を行っていた人の生産性の低下幅が小さい **石井ほか ［2020］** 在宅勤務の実施はコロナ禍での月収と労働時間の低下を緩和する効果がある

図表8-5　「働く人の意識調査」の概要

実施主体	（公財）日本生産性本部
調査期間	第1回　2020年5月11日から13日
	第2回　2020年7月6日から7日
	第3回　2020年10月5日から7日
調査対象	20歳以上の日本の雇用者（就業者から自営業者，家族従業者等を除く）1,100名
調査方法	インターネット調査
主な調査項目	新型コロナウィルスの流行以降の労働時間，業務量
	勤め先への信頼感
	働き方の変化と意識の変化
	性別，年齢，勤務地，勤め先の規模など回答者の属性
	など

（2）コロナショックによる人々の働き方の変化

　本調査では，緊急事態宣言が解除された直後である第1回調査（5月）から第3回調査（10月）において，回答者が現在行っている働き方に関する設問が設定されている。**図表8-6**には回答結果が示されている。

図表8-6　現在行っている働き方

		第1回	第2回	第3回
1	時差出勤	16.3	14.1	15.0
2	短時間勤務	15.4	9.0	12.5
3	一時帰休	7.9	3.8	3.1
4	自宅での勤務	29.0	18.4	16.9
5	サテライトオフィス，テレワークセンター等の特定の施設での勤務	3.2	1.5	2.3
6	モバイルワーク（特定の施設ではなく，カフェ，公園など，一般的な場所を利用した勤務）	1.7	1.7	1.9
7	その他	3.2	0.6	0.5
8	特にない	46.3	63.9	63.5

注：回答者は複数選択可能。表中の数値は回答者1,100人に対する割合（％）を示す。第1回は5月，第2回は7月，第3回は10月に調査が実施された。
出所：第1回〜第3回「働く人の意識調査」。以下の図表の出所も同様。

　これを見ると，緊急事態宣言解除直後の在宅勤務割合が29％と最も高く（表中の「4　自宅での勤務」の値を参照），第2回，第3回と時間の経過とともに低下し，第3回調査では16.9％となっている。森川［2020］が2020年6月に実施した調査によると，雇用者の在宅勤務実施者は32.2％であった。内閣府が5月末から6月初旬に行った「新型コロナウイルス感染症の影響下における生活意識・行動の変化に関する調査」では34.6％，石井ほか［2020］の調査では，5月の在宅勤務実施者割合は31.9％であったため，2020年5月から6月の在宅勤務割合は3割程度であったと言える。

　次に，回答者が勤務する企業の規模により，在宅勤務の実施割合や実施率の変化の様子が異なるかを確かめるために，企業規模別実施割合を計算した。**図表8-7**には企業規模を6つに分け，在宅勤務実施率を計算した結果が示されている。石井ほか［2020］の分析結果と同様に，企業規模が大きくなるほど，

図表8-7　企業規模別の在宅勤務実施割合

	第1回		第2回		第3回	
	回答割合	回答者数	回答割合	回答者数	回答割合	回答者数
1～50名	22%	321	12%	345	10%	347
51～100名	19%	133	12%	106	11%	119
101～300名	24%	156	10%	128	17%	139
301～1,000名	34%	141	21%	165	20%	145
1,001～5,000名	41%	129	30%	119	27%	115
5,001名以上	51%	141	36%	135	32%	141
わからない	14%	79	15%	102	11%	94

図表8-8　勤務形態別の在宅勤務実施割合

	第1回		第2回		第3回	
	回答割合	回答者数	回答割合	回答者数	回答割合	回答者数
正社員・正職員・役員	36%	716	24%	716	22%	688
パートタイマー，アルバイト	10%	253	5 %	269	6 %	285
契約社員	28%	80	20%	70	14%	69
嘱託	43%	14	30%	10	14%	14
派遣社員	19%	37	9 %	35	20%	44

在宅勤務実施割合が高く，第1回調査においては，従業員数5,001名以上の企業では，実施率が5割を超えている。一方で，時間が経過するとともに，実施率はすべての規模で下がっている。しかしながら，第3回調査においても，従業員数5,001名以上の企業では実施率が3割を超えている。

　図表8-8には勤務形態別の在宅勤務実施割合が示されている。これも先行研究で得られた結果と同様に，正社員・正職員・役員の実施割合が最も高い（嘱託の実施割合も高いがサンプル数が少ないことによる影響と考えられる）。また，派遣社員の在宅勤務実施割合が高いことも特徴として挙げられる。

　図表8-9には職種別の在宅勤務実施割合が示されている。Dingel and Neiman［2020］による米国における職種別の在宅勤務可能性スコア同様，建設現場での仕事や清掃・運搬などの仕事における在宅勤務割合が最も低く，第3回調査においては0％となっている。一方で，生産工程の仕事において，在宅勤務割合が低いながらも時間が経つにつれ，上昇傾向にあることが興味深い。リモート化が難しいと考えられる生産の現場においても，ICTやAI技術を用いた在宅勤務への取り組みが一部の企業で進められていることが，数値として表れている可能性がある。新型コロナ感染症の状況にかかわらず，日本は人口減少により人手不足に直面している職種も多い。こうしたICTやAI技術の活用

図表8-9　職種別の在宅勤務実施割合

	第1回		第2回		第3回	
	回答割合	回答者数	回答割合	回答者数	回答割合	回答者数
管理的な仕事	44%	111	31%	105	36%	106
専門的・技術的な仕事	49%	183	34%	188	22%	184
事務的な仕事	39%	316	20%	328	23%	292
販売の仕事	25%	99	9%	114	11%	111
サービスの仕事	9%	127	11%	122	9%	113
保安の仕事	14%	14	0%	11	12%	17
生産工程の仕事	4%	89	2%	65	6%	96
輸送・機械運転の仕事	6%	17	5%	22	0%	16
建設・採掘の仕事	9%	11	0%	12	0%	9
運搬・清掃・包装等の仕事	3%	36	4%	27	0%	43
その他の仕事	12%	97	11%	106	9%	113

は，人手不足の解消，生産性向上にとって今後ますます必要不可欠な取り組みとなるであろう。

　図表8-10には産業別の在宅勤務実施割合が示されている。小寺［2020］による産業別の在宅勤務可能な就業者の割合では，金融・保険業が最も高く84％であったが，本調査においては，第1回調査では38％，第2回で15％，第3回で32％と，全産業平均よりは高いという程度である。実際は在宅で勤務可能な仕事であっても，職場の雰囲気や慣行などにより，出社を決断した雇用者がい

■図表8-10 産業別の在宅勤務実施割合

	第1回		第2回		第3回	
	回答割合	回答者数	回答割合	回答者数	回答割合	回答者数
農業，林業，漁業	0％	2	0％	8	50％	4
鉱業，採石業，砂利採取業	50％	2	0％	1	0％	1
建設業	32％	62	19％	59	16％	56
製造業	30％	233	27％	211	18％	222
電気・ガス・熱供給・水道業	42％	12	23％	13	25％	16
情報通信業	74％	57	50％	52	45％	64
運輸業，郵便業	21％	52	12％	59	12％	57
卸売業	36％	39	17％	48	15％	40
小売業	7％	69	5％	86	4％	91
金融業，保険業	38％	52	15％	46	32％	53
不動産業，物品賃貸業	35％	34	26％	23	24％	17
学術研究，専門・技術サービス業	68％	19	38％	21	23％	22
宿泊業	0％	7	0％	7	14％	7
飲食サービス業	11％	37	3％	40	6％	34
生活関連サービス業	15％	27	36％	22	11％	27
娯楽業	67％	6	0％	6	25％	4
教育，学習支援業	42％	55	12％	68	18％	57
医療，福祉	5％	80	5％	80	7％	87
複合サービス事業（郵便局，協同組合）	33％	3	0％	3	33％	6
サービス業（他に分類されないもの）	23％	111	18％	114	13％	114
公務	36％	61	16％	51	8％	49
その他	21％	80	21％	82	21％	72

る可能性がある。一方で小寺［2020］の試算で，在宅勤務可能な就業者の割合が高かった情報通信業は，第3回調査においても45％と実施割合が高いままである。教育・学習支援業も小寺［2020］の試算では高かったが，第3回調査においては18％と，対面の指導形態へ回帰していることが見てとれる。

　この他，都道府県レベルの勤務地別在宅勤務実施割合については，付表に示す。

（3）在宅勤務の実施により仕事の効率や満足度は変化したか

　「働く人の意識調査」では，在宅勤務により，仕事の効率は上がったか，在宅勤務という働き方に満足を感じているかといった設問が設けられている。第1回から3回の回答を整理することで，在宅勤務の仕事の効率や満足度の変化を観察することができる。

　図表8-11には在宅勤務の実施により仕事の効率がどのように変化したかに対する回答を整理した結果が示されている。効率が上がった，やや上がったと回答している割合が，時間の経過とともに上昇している。森川［2020］では主観的な生産性を計測しているため，単純な比較は難しいが，森川［2020］による在宅勤務の生産性は職場に比べて低い人が82％との結果と，今回の調査の結果では，やや様相が異なる。在宅勤務への慣れという学習効果もあり，第3回調査においては，効率が上がった（やや上がったも含む）割合は5割を超えている。

　次に，勤め先の企業規模により在宅勤務の効率に変化があるかどうかを調べる。**図表8-12**では6つの企業規模別に効率が上がった，やや上がったと回答

図表8-11 在宅勤務の実施による仕事の効率の変化

	第1回	第2回	第3回
効率が上がった	7.2%	9.9%	10.2%
やや上がった	26.6%	40.1%	40.3%
やや下がった	41.4%	32.7%	32.8%
効率は下がった	24.8%	17.3%	16.7%
在宅勤務者数	319	202	186

図表 8 -12	企業規模別の在宅勤務実施による仕事の効率の変化

（効率があがったと回答した割合）

	第１回		第２回		第３回	
	回答割合	回答者数	回答割合	回答者数	回答割合	回答者数
１～50名	40.3%	72	48.8%	43	62.9%	35
51～100名	20.0%	25	46.2%	13	30.8%	13
101～300名	18.4%	38	46.2%	13	69.6%	23
301～1,000名	35.4%	48	55.9%	34	48.3%	29
1,001～5,000名	41.5%	53	52.8%	36	45.2%	31
5,001名以上	36.1%	72	43.8%	48	44.4%	45
わからない	18.2%	11	60.0%	15	40.0%	10

した割合を示している。規模にかかわらず，第１回調査と比べると第３回調査において，効率が上がったと回答している雇用者の割合が高い。また，従業員300名以下の比較的規模の小さい企業において，在宅勤務により効率が上がっていると回答している割合が高くなっている（従業員51人から100名を除く）。大企業に比べてICT化の遅れなどが指摘される中小企業における在宅勤務実施率が低いとの結果が本調査でも，先行研究でも得られているが，在宅勤務を継続することにより，仕事の効率が上がると回答する割合が高まっている。そうであれば，中小企業における在宅勤務の実施率を高めることで経済全体の生産性の向上も見込めるかもしれない。

　次に，在宅勤務と仕事の満足度の関係を整理する。**図表8-13**には在宅勤務という働き方に対して満足しているかどうかの回答割合を示している。第１回調査から時間が経過すると，満足している，どちらかと言えば満足していると

図表 8 -13	在宅勤務という働き方の満足度

	第１回	第２回	第３回
満足している	18.8%	22.3%	23.7%
どちらかと言えば満足している	38.2%	48.0%	45.2%
どちらかと言えば満足していない	30.7%	23.8%	23.1%
満足していない	12.2%	5.9%	8.1%
在宅勤務者数	319	202	186

図表 8 -14　企業規模別の在宅勤務という働き方の満足度
（満足していると回答した割合）

	第 1 回		第 2 回		第 3 回	
	回答割合	回答者数	回答割合	回答者数	回答割合	回答者数
1～50名	66.7%	72	69.8%	43	68.6%	35
51～100名	48.0%	25	61.5%	13	53.8%	13
101～300名	52.6%	38	75.0%	16	73.9%	23
301～1,000名	64.6%	48	74.2%	31	65.5%	29
1,001～5,000名	47.2%	53	69.4%	36	71.0%	31
5,001名以上	59.7%	72	62.5%	48	71.1%	45
わからない	27.3%	11	93.3%	15	70.0%	10

回答する割合が高まり，第 3 回調査では約 7 割が在宅勤務という働き方に満足していることがわかる。

　図表 8 -14には，企業規模別で在宅勤務に満足している（やや満足も含む）割合が示されている。これを見ると，大企業ほど，時間の経過とともに，満足度が上昇している。一方で，従業員50人以下の企業は第 1 回調査の時点から在宅勤務の満足度は高く，それが維持されている状態である。

　平均すると在宅勤務実施者のうち 7 割弱の人が，在宅勤務という働き方に満足している。従業員の満足度は，仕事へのモチベーションに直結し，生産性に影響を与えるものと考えられる。在宅勤務という働き方を従業員が選択できる状態を継続することで，従業員満足度の向上，その先の生産性向上を図ることが可能となるかもしれない[2]。

4 ｜ 生産性向上の手段としての新しい働き方

　本章では，新しい働き方の中でも特に在宅勤務に注目し，職種別，産業別の在宅勤務可能性や，在宅勤務をしやすい労働者の属性，在宅勤務と生産性の関係，などに関連する先行研究を整理した。その結果，日本においては 3 割程度の就業者が在宅勤務可能であるとの試算結果が示された。在宅勤務しやすい職種かどうかを考慮した上でも，高学歴や正社員，高収入，大規模企業勤務といった属性を有する労働者は在宅勤務がしやすい。また，主観的生産性を用い

た在宅勤務による生産性の水準は，職場勤務の60〜70％程度であることが先行研究では示されている。

　こうした分析を踏まえ，本章では第1回から第3回「働く人の意識調査」を利用し，どういった属性の労働者が，在宅勤務実施割合が高いのか，在宅勤務を実施することで仕事の効率や従業員の満足度にどのような変化があったのかを調べた。その結果，先行研究同様，大企業勤務や正社員であるほど在宅勤務実施率は高かった。しかしながら，規模の大きな企業であっても10月調査時点で在宅勤務実施割合は3割程度と「出勤者数7割減」という政府の目標は達成できていない。在宅勤務などの働き方を，緊急事態宣言を受けての急遽の対応ととらえず，新しい働き方に沿った労働環境の整備を企業が行わない限り，この目標の達成は難しい状況が続くであろう。一方，調査によれば，仕事の効率性や満足度は，時間の経過とともに上昇し，効率性が改善したと回答した割合は5割程度，在宅勤務という働き方については7割程度が満足していると回答している。

　以上の先行研究や本章で行った分析は，労働者へのアンケートのデータがもととなっている。そのため，生産性は労働者の主観により計測されているが，働き方を変えることにより，アンケート回答者が勤務する企業の生産性（例えば，付加価値を労働投入量で割った労働生産性など）が実際にどう変化したかは捉えることができていない。

　働き方に関する企業調査については，主に上場企業を対象に大規模調査を行っている日経「スマートワーク経営」調査がある。日経「スマートワーク経営」調査は，日本経済新聞社が「Smart Work」を実践している企業を新しい「日本の優れた会社」として評価するために2017年より毎年実施している調査である（調査期間は毎年5月から7月）。2020年調査もすでに終了しているが，コロナショックで影響を受けたと思われる企業の年次の財務データが現時点（2020年12月時点）では得られないため，コロナショックによる働き方の変化と企業業績に関する分析に着手できていない。

　一方で，コロナの影響を受けていない2017年から2019年の日経「スマートワーク経営」調査データを利用した働き方と企業の生産性に関する分析では，ジョブ型（職務限定型）正社員の導入やフレックスタイムの活用など正社員の

多様で柔軟な働き方の導入で，企業の時間当たりの労働生産性が向上すること，創造性，新たなアイディアを活かして労働生産性を高めるためにも，在宅勤務を含むテレワークが有用であり，テレワークを全従業員に開放すべきであるとの結論が導かれている（滝澤・鶴［2019a］［2019b］）。同様に，滝澤［2019］では，AI，クラウド，ビジネスチャットツールなどのテクノロジーを導入し，従業員の働き方に対する理解を深めた企業ほど，生産性が高いとの結果が得られている。

労働者に対する調査によれば，在宅勤務の実施割合は全体で見ると5月から徐々に低下してきているが，労働者調査を用いた分析でも，在宅勤務は，継続することにより，仕事の効率が上がったり，従業員満足度も向上することが示されている。また，企業調査を用いた分析から，在宅勤務を含む新しい働き方の導入が，企業の生産性を向上させたり，付加価値を向上させるようなアイディア，創造性が必要とされる仕事には在宅勤務が適しているとの結果が得られている。緊急事態宣言の発令は，労働者にとって働き方の選択肢が増える契機となったが，企業にとっても，労働者に新しい働き方を提供することで，イノベーションなど成長の機会がもたらされる可能性がある。

そのため，コロナショックにより強制的に在宅勤務を含む新しい働き方が普及したが，それを緊急対応のための措置ではなく，生産性向上の手段としてとらえることが重要である。また，企業は従業員が平時であっても新しい働き方を選択可能なよう，新しいテクノロジーの導入，人事評価方法や組織体制の変更など，新しい働き方に即した環境整備を迅速に進めるべきである[3]。

本章や先行研究では，基本的には，新しい働き方を導入しているか否かが，仕事の効率性や生産性とどのような関係にあるのかを分析している。一方で，対面のコミュニケーションが生産性向上に寄与する様子も想像に難くないが，在宅勤務を週に何日行うと生産性が最も高まるのかといった，最適な在宅勤務と職場勤務の配分については本分析で触れることができていない。この点は今後の研究課題としたい。

付表 勤務地別の在宅勤務実施割合

		第1回		第2回		第3回	
		回答割合	回答者数	回答割合	回答者数	回答割合	回答者数
1	北海道	19.6%	46	3.8%	52	15.2%	46
2	青森県	0.0%	7	0.0%	5	0.0%	5
3	岩手県	25.0%	8	23.1%	13	11.1%	9
4	宮城県	6.7%	15	5.9%	17	4.5%	22
5	秋田県	0.0%	2	0.0%	6	0.0%	3
6	山形県	0.0%	4	0.0%	8	0.0%	6
7	福島県	22.2%	9	20.0%	5	50.0%	2
8	茨城県	23.1%	26	7.1%	14	15.4%	13
9	栃木県	14.3%	7	14.3%	14	0.0%	7
10	群馬県	33.3%	6	0.0%	10	0.0%	9
11	埼玉県	20.6%	68	19.0%	58	18.9%	53
12	千葉県	23.1%	39	17.8%	45	13.5%	37
13	東京都	48.6%	249	34.2%	237	34.5%	258
14	神奈川県	33.3%	87	25.0%	84	15.0%	80
15	新潟県	23.5%	17	0.0%	15	6.3%	16
16	富山県	11.1%	9	9.1%	11	0.0%	8
17	石川県	10.0%	10	16.7%	12	37.5%	8
18	福井県	0.0%	6	40.0%	5	0.0%	9
19	山梨県	33.3%	3	0.0%	3	0.0%	3
20	長野県	10.5%	19	0.0%	11	0.0%	16
21	岐阜県	11.1%	18	0.0%	13	0.0%	17
22	静岡県	30.8%	26	21.1%	19	10.0%	30
23	愛知県	24.3%	74	21.6%	74	10.0%	90
24	三重県	18.8%	16	0.0%	16	16.7%	12
25	滋賀県	25.0%	8	22.2%	9	0.0%	8
26	京都府	23.1%	26	15.8%	19	0.0%	22
27	大阪府	32.7%	110	15.1%	106	17.3%	110
28	兵庫県	36.8%	38	20.9%	43	14.3%	56
29	奈良県	0.0%	5	0.0%	5	16.7%	12
30	和歌山県	0.0%	11	16.7%	6	0.0%	3
31	鳥取県	25.0%	4	0.0%	2	20.0%	5
32	島根県	0.0%	4	14.3%	7	0.0%	3
33	岡山県	25.0%	12	8.3%	12	0.0%	11
34	広島県	23.5%	17	7.7%	26	6.3%	16
35	山口県	33.3%	6	16.7%	12	0.0%	7
36	徳島県	0.0%	5	28.6%	7	0.0%	3
37	香川県	0.0%	4	0.0%	4	0.0%	8
38	愛媛県	33.3%	6	8.3%	12	0.0%	2
39	高知県	0.0%	3	0.0%	5	33.3%	6
40	福岡県	25.0%	40	11.4%	35	11.1%	27
41	佐賀県	0.0%	2	0.0%	7	0.0%	5
42	長崎県	11.1%	9	0.0%	4	8.3%	12
43	熊本県	20.0%	5	22.2%	9	14.3%	7
44	大分県	0.0%	1	0.0%	4	0.0%	6
45	宮崎県	0.0%	3	0.0%	5	33.3%	3
46	鹿児島県	14.3%	7	0.0%	11	0.0%	2
47	沖縄県	0.0%	3	0.0%	3	14.3%	7

┃注┃

1　本章の執筆に際して，本書の編著者である宮川努学習院大学教授の他，本書の各章の執筆者らからの多大なるアドバイスを受けたことに感謝の意を表する。本研究は，JSPS 科研費　20H00071及び20K01635の助成を受けている。

2　2021年1月8日に政府より1都3県を対象に2回目の緊急事態宣言が発出された直後の1月12日（火）～13日（水）に第4回「働く人の意識調査」が行われた。1月調査レポートによると在宅勤務実施率は16.9％から19.8％に増加しているが，10月調査と比較しても，統計的に有意な差は見られていない。また，在宅勤務実施による仕事の効率性や満足度についても，54.5％が「効率が上がった」（「効率が上がった」と「やや上がった」の合計）とし，69.8％「満足」（「満足している」と「どちらかと言えば満足している」の合計）と回答しており，10月調査とほとんど変わらない結果となっている。

3　筆者が参加した第1回日経スマートワークフォーラムメンバー特別セミナーにおいて10社ほどの大企業に行ったアンケート（2020年9月実施）では，「コロナ禍は契機に過ぎず，ほとんどの働き方は変化したままで今後も続く」と参加企業の100％が回答した。また，新しい働き方を緊急時の対応ではなく構造的なものとするために，例えば在宅勤務を行う上で必要なシステムへの投資や人事評価方法の変更といった「新しい働き方をサポートするための投資が積極的に行われている」と全参加企業が回答した。このように大企業では新しい働き方が恒常化する一方で，図表8-7でも示した通り，規模の小さい企業ほど在宅勤務実施割合が低い。日本の企業数の99.7％を占める中小企業において新しい働き方を労働者が選択肢の1つとして選択できるように，政府もテレワーク推進の支援などを引き続き行う必要があろう。

┃参考文献┃

石井加代子・中山真緒・山本勲［2020］「コロナ禍における在宅勤務の実施要因と所得や不安に対する影響」JILPT Discussion Paper 20-SJ-01。https://www.jil.go.jp/tokusyu/covid-19/dp/DP20-SJ-01.pdf

荻島駿・権赫旭［2020］「新型コロナウイルス以降の職種ごとの在宅勤務の持続可能性について」RIETI 特別コラム　2020年5月7日。https://www.rieti.go.jp/jp/columns/a01_0591.html

小寺信也［2020］「在宅勤務はどこまで進むか」みずほインサイト　みずほ総合研究所　2020年5月22日。https://www.mizuho-ri.co.jp/publication/research/pdf/insight/jp200522.pdf

滝澤美帆［2019］「働き方関連施策に関する企業側と従業員側の認識のギャップと企業業績の関係」『日経「スマートワーク経営研究会」最終報告』第3章第2節，44-53。

鶴光太郎・滝澤美帆［2019a］「テレワークの更なる普及，促進を目指して」『日経「スマートワーク経営研究会」最終報告』第4章第3節，74-84。

鶴光太郎・滝澤美帆［2019b］「人材活用関連施策の企業業績への影響」『日経「スマートワーク経営研究会」最終報告』第2章第1節，17-24。

中島賢太郎・上原克仁・都留康［2018］「企業内コミュニケーション，ネットワークが生産性に及ぼす影響―ウェアラブルセンサを用いた定量的評価―」経済研究 Vol. 69 No. 1，18-

34。

森川正之［2020］「緊急事態宣言と在宅勤務の生産性」RIETI 特別コラム　2020年5月11日。
https://www.rieti.go.jp/jp/columns/a01_0593.html

Dingel, J. and Neiman, B. ［2020］*How many jobs can be done at home?* Becker Friedman
Institute White Paper, April 2020.

早川 英男 ｜ 第**9**章

コロナ後の経済政策
レジームを考える

　コロナショックは，経済政策のあり方にも大きな変化をもたらした。マクロ経済政策において従来の金融政策一辺倒から巨額の財政出動に変化したことが代表的だが，公共財供給や格差是正の重要性も増している。本章では，過去100年余りの経済政策の歴史と経済思潮の変化を振り返りながら，コロナ後の時代の経済政策の枠組みについて考える。筆者の結論は，大恐慌から第二次大戦中（および現在のコロナ禍の下）のような強力な国家統制でもなく，2000年前後のような自由放任でもない，中道回帰への模索ではないかとの見方である。同時に，こうした政策レジームの実現には，国家が課税能力を回復することが重要な前提条件となることを指摘する。

　2020年の春，前年末に中国・武漢に始まった新型コロナウイルス感染症の拡大により，世界経済は急激な悪化に陥った。事実，同年4〜6月の日本の実質GDP成長率は前期比年率で3割に近い，過去に例を見ないマイナス成長となった。幸い欧米でも日本でも景気は4〜5月頃に底を打ったとみられるが，本章執筆時点（20年12月）では世界的な感染拡大に歯止めがかかったとは言えず，景気回復のスピードも緩慢なものに止まる可能性が高い。まだしばらくウィズ・コロナの時期が続くと覚悟すべきであろう。

　しかし，米英等の製薬会社によるワクチン開発が異例の速さで進められたこともあり，うまくいけば21年後半にはポスト・コロナの世界を展望できる時期がやってくるかも知れない。このコロナ禍を経験したことで，デジタル化やリモートワークの普及など，産業や人々の働き方には大きな変化が訪れるに違いない。と同時に，マクロ安定化政策を含めた経済政策に対する考え方も大きく変化するだろうと筆者は考えている。本章では，過去100年余りの経済政策の枠組み（政策レジーム）とその背後にあった経済思潮の変化を振り返りながら，コロナ後の世界的な経済政策レジームの方向性を展望することとしたい。

1 ┃ コロナ以前の経済政策レジームの変遷と　コロナ後への問い

（1）第1次グローバル化の終焉から福祉国家へ

　やや意外に感じられるかも知れないが，20世紀初頭と21世紀初頭の経済政策レジームはかなり似通ったものだった。周知のように前世紀の国際通貨制度は金本位制（基軸通貨は英ポンド）であり，今世紀の変動相場制（基軸通貨は米ドル）とは違っていたし，関税の引き下げも十分ではなかった。しかし，20世紀初めには貿易が急拡大し，活発な国際資本移動も促されたため，「第1次グローバル化」の時代と呼ばれることもある。事実，当時の主要国の貿易/GDP比率や国際資本移動/GDP比率はブレトンウッズ体制後期の1960年代を大きく上回っていた。また，主として為替の安定化のため金融政策が用いられることはあっても，財政政策がマクロ経済の安定化のために活用されることはなく，軍備を別にすると小さな政府，低い税率が望ましいと考えられていた。また，

人々の経済格差は大きかったが，積極的に所得の平等化が図られた様子もなかった。

この第1次グローバル化は，2つの大戦と大恐慌を機に終焉を迎えた。第1次世界大戦中に停止された国際金本位制は，1920年代に再建を目指す動きもみられたが，完全な形で再建されることはなく，大恐慌下の1930年代には管理通貨制に移行した（日本の場合は，関東大震災の影響もあって金本位制への復帰が遅れ，結果的に金解禁は大恐慌の渦中という最悪のタイミングとなってしまった）。大恐慌後の各国は関税引上げ競争に陥り，経済のブロック化が進んだが（キンドルバーガー［2009］），これが第2次世界大戦への道を拓く一因となったのはよく知られているとおりである。大恐慌にやや遅れる形でケインズ主義的なマクロ経済政策が開始される（米国のニューディールも日本の高橋財政も「一般理論」に先立つケインズ政策だった）とともに，第2次世界大戦下では大規模な産業統制・価格統制が行われた（日本では，この当時の経済統制が戦後の日本型経済システムの原型となったとする野口［1995］，岡崎・奥野［1993］らの有力な議論がある）。このように，両大戦期に一国経済における国家の役割は飛躍的に高まったのである。

第2次世界大戦が終わると，経済統制が解除される一方，米国主導でブレトンウッズ体制（IMF，GATT 体制）が創建され，ルールに基づいた国際経済秩序の再建が進められたが，経済社会に占める国家の役割が大きく低下することはなかった。ケインズ主義的なマクロ安定化政策が定着していくのは概ね1950年代以降である（ジェームズ・トービンらケネディ大統領の経済アドバイザーが打ち出したケインズ政策は，当時 New Economics と呼ばれた）。同時に，累進課税による所得分配の平等化や社会保障の充実などが追求された。これが1970年代頃まで続く福祉国家，混合経済の時代である。この当時の経済学の主流派だったのが，ケインズ主義のマクロ経済学を主調としつつ，ミクロ的には市場の活用をも重視した新古典派総合（Neoclassical Synthesis）の経済学であり，サムエルソンの教科書『経済学』とともに世界に普及した。こうした筆者が学生時代に学んだ経済学は，しばらくの間「時代遅れ」とみなされていたが，後述するように最近は徐々に見直されつつあるように感じる。

確かに，この頃も自由化，国際化ということが謳われていた。しかし，今思

えばブレトンウッズ体制下の国際化は，冷戦終焉後と比べればかなりコント
ロールされたものだった。実際，当時の国際貿易は，要素賦存量の違いで説明
されるヘクシャー・オリーン型の南北貿易ではなく，先進国同士の北北貿易が
中心だった。クルーグマン（Krugman [1990]）が，収穫逓増を導入して北北
貿易を説明するモデルを発表したのが，この時代が終わろうとする1970年代末
だったのは，大変に皮肉なこと（まさにミネルヴァの梟）だったと言えよう。

　ピケティ [2014] が指摘したように，この時期は過去140年余りの資本主義
の歴史の中で例外的に所得分配の平等化が進んだ時代でもあった。その背景に
ついて，ピケティ自身は大戦に伴う資本の破壊の影響を強調している。しかし，
おそらくは①第2次世界大戦という巨大な総力戦に莫大な数の一般国民を動員
した結果，彼/彼女らの要求に報いる必要があったこと，②ソ連を中心とする
社会主義圏が厳然と存在する中で，社会主義の拡がりを押さえるには労働分配
率を高く保つ必要があったこと，などが影響したと考えられる。また，この頃
はゴードンの言う第2次産業革命の成果が花開いた時期であり（Gordon
[2012]），多くの先進国が高成長を謳歌した時代でもあった。そして，この時
期の世界における最大の勝者は，米国の核の傘に守られながら，先進国で最も
高い経済成長率を実現しただけでなく，（それが多分に幻想であったとしても）
「一億総中流」まで実現したわが日本だったのではないか。

（2）1980年の転換からワシントン・コンセンサスへ

　しかし，1980年頃を境に流れは変わる。まず1960年代後半には，多くの欧米
諸国が経済成長の減速とインフレ率の高まりを経験した。中でも，ベトナム戦
争の影響もあって経済の悪化が深刻化した米国は1971年に金とドルとの交換性
を絶ち（いわゆるニクソン・ショック），ほどなく国際通貨制度は変動相場制
へ移行することになる。不況とインフレの併存＝スタグフレーションの拡がり
は，当時の主流派経済学を戸惑わせたが，これをケインズ的なマクロ安定化政
策の失敗として糾弾したのが，総帥ミルトン・フリードマンに率いられたマネ
タリストたちであった。フリードマンは失業率を自然率以下に引き下げようと
すれば，インフレ率が加速するだけだと主張した（Friedman [1968]）。その後，
合理的期待革命（Lucas-Sargent [1981]）を経て，世界のマクロ経済学では

ケインズ的マクロ政策の限界を強調する考え方が主流になっていく。そのこと
を最もよく示すのは，近年のマクロ経済学の教科書では財政政策は無効だとす
るリカード中立性（Barro［1974］）がデフォルトとして教えられていること
だろう。これは，サムエルソンの時代の教科書とは（近年の財政政策の復活と
も）全く異なる世界観である。金融市場の効率性をほぼ万能論のような形で主
張する効率的市場仮説（efficient market hypothesis，ここでは資産バブルの
可能性は原則として排除される）が広まっていったのも，この頃のことである。

　そして，1979年にマーガレット・サッチャーが英国の首相に就き，1981年に
ロナルド・レーガン米大統領が登場すると，「小さな政府」を目指す動きが始
まった。彼らの考えを最もよく示しているのは，レーガン大統領が最初の就任
式で述べた「現在の危機において，政府は解決をもたらすものではなく，むし
ろ政府こそが問題なのだ」という言葉だろう。こうして，規制緩和や国営企業
の民営化が進められていった。市場が主役となり，国家は退場する時代がやっ
てきたのだ（ヤーギン・スタニスロー［2001］は，この国家から市場への主役
交代劇を印象的に描いている）。日本でも，1980年代の中曽根政権下で国鉄や
電電公社の民営化が実行されたのは周知のとおりである。

　さらに1980年代末に東西冷戦が終焉を迎えると，旧社会主義国が一斉に市場
経済に参入した結果，貿易と国際資本移動が一気に加速し，本格的な経済のグ
ローバル化（第2次グローバル化）が進んだ。この時の大きな特徴は，資本が
希少な新興国に大量の資本が流入する一方，安価な労働力を豊富に有する新興
国が労働集約財を輸出するという形で，南北貿易と資本移動が活発になった点
にある。国際貿易のヘクシャー・オリーン型への回帰とみることができよう。
当時の「安価の労働力を豊富に有する国」の代表が中国であったことは言うま
でもない。なお，かつては要素価格均等化定理が現実に成り立つことは殆どな
いと考えられてきたが，中国の参入が米国の製造業の雇用や低スキル労働者に
無視できない影響を及ぼしたという事実が近年に至り明らかになった（Autor
-Dorn-Hansen［2013］）。

　貿易を扱う国際機関も，モノの貿易に集中していたGATTから，サービス
貿易や知的所有権の問題も広く扱うWTOへと進化した（中国は2001年に
WTOへの参加が認められた）。一方，資本移動の活発化により，企業や富裕

層への課税が困難化した結果，経済格差の拡大につながった（サエズ・ズック
マン［2020］）。政府による市場への介入を最小化するハイパー資本主義と，国
境を越えたヒト・モノ・カネの移動を最大化するハイパーグローバル化の時代
の到来であった。

　この時代は，中国を先頭とした新興国の経済成長などの大きな成果を挙げた
が，その一方で自由放任市場が金融バブルの暴走を招き，経済の不安定化をも
たらすことも少なくなかった。その代表は1997年のアジア通貨危機だが，米国
でも翌98年にノーベル経済学賞受賞者 2 人を役員に含む LTCM（long-term
capital management）というヘッジファンドが危機を迎え，主要金融機関に奉
加帳を廻すことで救済されるという事件があった。新興市場の危機はその後も
何度も繰り返されたが，米国政府や IMF，世界銀行などはその原因を市場化
の不徹底に求め，新興国には貿易・投資の自由化，公的部門の民営化，政府介
入の極小化（危機時には金融引き締めと緊縮財政）を要求し続けた。こうした
考え方は「ワシントン・コンセンサス」と呼ばれるが，市場メカニズムに限り
ない信頼を置くこの時代の経済政策レジームを集約的に表現するものであった。

　また，日本は1990年代初頭の不動産バブル崩壊以降「失われた10年」，「失わ
れた20年」と呼ばれる長期低迷に陥った。日本におけるデフレの始まりは1997
〜98年の金融危機以降だったにもかかわらず，欧米の経済学界では日本の長期
低迷はデフレのせい，デフレは金融政策の失敗の結果と決めつけられ，日銀に
量的緩和やインフレ目標を求める意見が圧倒的だった（その代表が有名な
Krugman［1998］である）。

（3）リーマン・ショック後の不満の高まり

　従来の新興市場の危機と違って，グローバル金融資本の中心地で起こった
2007〜08年の世界金融危機（global financial crisis，日本で言うリーマン・
ショック）は，市場が自動的に最適な経済状態に導くという新古典派経済学の
幻想を完膚なきまでに打ち砕いた（はずであった）。だが，その後の10年余り，
結局はなかなか解決策が見つからなかったためであろう，経済政策のレジーム
は（楽観的なトーンは薄れたとは言え）ほとんど変わらなかったというのが正
直な印象である。そして，そのことが世界の人々の不満を高める結果になった

と筆者は解釈している。

人々の不満が高まった理由は，標準的な経済学の教科書に沿って考えればすぐ分かる。入門レベルの経済学でも，市場だけでは解決できず政府の介入が必要となる問題が3つ書かれているはずである。まず第1はマクロ経済の安定であり，景気や物価の安定には財政金融政策を適切に用いることが必要だと考えられている。第2は「市場の失敗」への対応であり，筆者が学生だった1970年代の日本では公害問題への対応が最重要であった（実際にその後，東京の水も空も見違えるほどきれいになった）。第3は所得分配の問題であり，経済格差の是正には累進税制などによる所得の再分配が必要だとされている。問題は，このいずれに関しても政府の対応が不十分にとどまっている（と理解された）点にある。

まずマクロ政策では，リーマン・ショック直後はG20協調による大規模な財政出動が行われ，great recession が great depression となるのを防ぐことに成功した（その際，中国の4兆元対策の貢献は絶大であり，中国の国際的地位は大きく高まった）。しかし危機が落ち着くと，主要国の政策は金融政策一辺倒に戻り，非伝統的金融政策の名の下に実質的には通貨切り下げ競争が展開されることとなった。そして，その後の景気回復の鈍さに対する不満は，後述するように金融政策の限界を強調する長期停滞論の拡がり，さらには「財政赤字には何の問題もない」とする異端派＝MMT の登場にまでつながったのである。

一方，「市場の失敗」の問題に関しては，ここ10年余りで気候変動問題への関心が世界的に高まったことは周知のとおりである（19年の国連地球環境サミットでグレタ・トゥンベリさんが同問題に真剣に取り組まない世界のリーダーたちに向かって "How dare you！" という言葉を投げかけたことは記憶に新しい）。また，リーマン・ショック後も経済格差の拡大はとどまることがなく，それが前掲のピケティ本の世界的な大流行にもつながった。金融危機の原因を作った投資銀行などが公的資金で救済を受けると，多額の教育ローンを抱えつつ decent job に就けない米国の若者たちが「私たちは99％だ！」と主張してウォール街占拠運動を展開したのも，格差拡大への不満の高まりを表す事件だった。2016年の英国における Brexit 国民投票，トランプ米大統領の当選を始め，各国でポピュリスト政治勢力が台頭したことにも，現在の政策レ

ジームに対する人々の不満が大きく影響したと受け止められている。

（4）強力な国家の蘇生とコロナ後への２つの問い

　このように，人々の間に政府が十分な役割を果たしていないという不満が高まっていた最中に，コロナ危機が世界を襲った。すると，感染抑止のために国際間の人の流れはほぼ完全にストップされ，貿易も一時大幅に縮小した。国家は，移動制限や都市封鎖といった強硬措置を導入し，経済社会を強力に統制した（法制上強制力に乏しい日本と比べて，他国の統制は遥かに厳しいものだった）。経済の落ち込みに対しては，過去に例をみない規模での財政出動が講じられ，金融政策はあくまでその補助と位置付けられている（コロナ禍における中央銀行の役割については，早川［2020］を参照）。まるで大恐慌と戦争の時代の国家が甦ってきたかのようだ。

　もちろん，これらは非常時対応だから，コロナ危機が一段落すれば，こうした非常措置は撤回され，ヒト・モノ・カネの移動は徐々に回復していくだろう（今，日本を含む多くの国が悩んでいるのは，感染を抑制しつつ経済を正常化するスピードの問題だ）。いずれは財政健全化の試みも再開されるに違いない。だが，ポスト・コロナ時代がハイパー資本主義，ハイパーグローバル化への逆戻りということは考えられない。コロナとの闘いで人々は国家の役割の重要性を再認識したし，限界なきグローバル化の欠陥（例えば医療資材の過度の中国依存の危険性）も明らかになったからだ。そう考えると，ポスト・コロナの世界では，①国家と市場の役割分担をどうするか，②グローバル化の限界をどう設定するか，という２つの問いが極めて重要になるだろう。次節では，これら２つの問いへの回答を通じて，ポスト・コロナの経済政策レジームの在り方について考えてみたい。

2 ｜ コロナ後の経済政策は中道回帰の模索か

（1）マクロ経済政策はどう変わるか

　まず，市場を制御する国家の役割が増すことは必至である。マクロ経済政策

に即して言えば，これは財政政策の復権を意味しよう。実際，コロナショックに伴う経済の落ち込みを支えているのは，前述のとおり巨額の財政出動である。この結果，主要国の財政赤字／名目GDP比率は，米国で2019年の6.3％から2020年には18.7％に上昇すると試算されている。ユーロ圏と日本について同じ数字を掲げれば，ユーロ圏0.6％→10.1％，日本3.3％→14.2％である（IMF[2020]）。こうした巨額の財政出動が行われたのは，今回主に求められたのがコロナショックで大きな影響を受けた人々の雇用を守るための給付金，感染防止のために飲食店などに休業を求める場合には休業補償といった直接的な財政給付だったという事情が挙げられる。また，主要国のいずれでもゼロ金利制約の下で，金融政策が限界に直面していたためでもあろう。ただ，リーマン・ショック後の10年余りの間にマクロ経済政策に対する考え方が徐々に変化していたことも少なからず影響したと思われる。

　ここで少し時間を遡ると，合理的期待革命後の1980年代には実物的景気循環論（RBC：real business cycle theory）という金融政策も財政政策も無効という理論が持て囃された時期もあったが，1990年代にはニューケインジアン（new Keynesian）経済学がマクロ経済学の主流となる。これは，名前こそケインジアンであっても，実際にはRBCに（独占的競争と）価格の硬直性という摩擦（friction）を加えただけのものであり，そこでは金融政策は効果を持ち得るが，財政政策は無効である（Woodford[2003]，Gali[2008]）。それは，奇しくも当時の経済政策，すなわちマエストロとまで呼ばれたグリーンスパン元FRB議長の手腕が世界的に賞賛された金融政策万能論の時代と一致する。主要国の中央銀行においてニューケインジアン経済学は公式の教義となり，２％程度のインフレ目標を掲げて経済の安定化を図るという姿が世界の標準的なマクロ経済政策となった。

　こうした金融政策万能論は2007〜08年の世界金融危機で大きく揺らいだにもかかわらず，欧米では主に政治的な理由から財政政策は再度抑制された。このため，中央銀行は政策金利がゼロとなった後も量的緩和などの非伝統的金融緩和を続けることとなり，こうした金融緩和一辺倒の姿がthe only game in townと揶揄されるようになった。欧米に遅れて13年４月から開始された日銀の「異次元緩和」は，その最も極端な形と言える（早川[2016]）。だが，時間

が経つにつれ非伝統的金融緩和は資産価格への影響は大きい（日本で言えば円安，株高）が，経済成長率を高めることはできないことが明らかになった。また日米は，失業率が大きく低下しても賃金，物価がなかなか上がらないというパズルにも直面した。

こうした中で，金融政策の限界を強調し，財政出動を求める論調がコロナ以前から徐々に強まっていった。その代表がサマーズ元米国財務長官が主唱する長期停滞論（secular stagnation）である。長期停滞論は需要要因（デジタル企業の投資不足，新興国の貯蓄過剰，所得格差の拡大など），供給要因（人口減少，技術革新の減速など）とも多くの要因が挙げられており複雑だが，根本には自然利子率（完全雇用下で貯蓄と投資が均衡する金利水準）が低下したとの認識があり，金融政策の限界を強調し，財政政策の活用を求めた（Summers[2014]）。

さらに近年は，自国通貨建ての国債にはデフォルトはあり得ないとして大胆な財政出動を求める MMT（modern monetary theory：現代貨幣理論）が大きな注目を集めるに至ったのは周知のとおりである（レイ[2019]）。この MMT はあくまで異端派の主張だが，財政政策重視はクルーグマン，フィッシャー，ブランシャールといった主流派経済学者にも拡がっている。事実，ブランシャールは19年１月の全米経済学会会長講演（Blanchard[2019]）において，「当分の間，利子率が名目成長率を下回る可能性が高く，財政赤字が拡大しても財政危機に陥る心配はない」と主張していた。コロナショック下で巨額の財政出動が可能となった背景には，こうした経済思潮の変化があったのである。

こうして財政政策の役割が高まれば，金融政策偏重は改まるに違いない。しかし，金融政策の運営のスタイルがどう変わるかは定かではない。例えば，20年８月に FRB が公表した金融政策の新しい枠組みでは，平均インフレ率目標が採用されることとなった。これは，これまでのインフレ率が２％を下回っていた以上，今後インフレ率が２％を上回ってもしばらく金融緩和を続けることを約束するものであり，従来以上にインフレ目標を強化する方向と言える。

しかし，日銀の「異次元緩和」がインフレ期待を高めることに失敗したという事実（16年９月に行われた「総括的検証」は，インフレ期待に影響を与えることの難しさを公式に認めるものだった）を踏まえると，「コミットメントを

強化すれば，インフレ期待は上昇する」という FRB の認識はあまりに楽観的に思える。実際，パウエル議長をはじめ，FRB 高官が連日のように財政政策のサポートを求め続けていることからも，新しい枠組みへの自信のなさがうかがわれる。他方，コロナ禍での実体経済と株価の激しい乖離もあって，過度の金融緩和の長期化が金融的不均衡を拡大するという認識は徐々に拡がりつつある。筆者としては，コロナ後の金融政策がインフレ目標一辺倒ではなく，金融的不均衡にも配慮する方向に変化することを期待したい。

［補論：コロナ特別会計の必要性］

　なお，本章の趣旨からはやや脇筋となるが，現在の巨額の財政出動のファイナンスについて少し触れておきたい。当面は超低金利が続くとしても，いずれは財政の健全化が必要となるし，予算の膨張の陰で無駄遣いが増えてはならないからだ。ここで基本になるのは，税率の変動が小さい方が経済厚生上の損失が少ないという tax smoothing の考え方である（Barro［1979］）。この考え方に従えば，社会保障費のような恒常的かつ増加幅も概ね予想できる支出増加に対しては速やかに増税する（あるいは社会保障費の増加に先立って増税を行う）のが望ましい一方，コロナ対策のような予期できない一時的な支出増は国債で賄い，長期間をかけて増税で償還していくのが望ましい（消費増税の先送りは問題だが，コロナ対応の国債増発は容認される）ということになる。

　具体的には，東日本大震災の際に設けられた復興特別会計のようにコロナ対策で必要となった財政支出を特別会計に集約し，それに見合った国債を発行する一方，20〜30年といった一定期間でこれを償還する，かつその財源（東日本の場合は復興特別所得税）もあらかじめ定めておくという方法である。こうすることで，巨額の財政赤字の下で財政の持続可能性を担保するとともに，無駄遣いの膨張を防ぐ効果も期待できよう。

（2）公共財供給と格差是正の重視

　次に，今回のコロナ危機は感染症拡大に対して日本の医療体制が十分な備えを欠いていたことを明らかにした。その背後には，感染症から生活習慣病へという医療体制のシフトがあった。20世紀の前半までは結核などの感染症が死因

の上位を占めていたが，ここ半世紀余りはガンなどの生活習慣病が死因の大半を占めるようになり，これに伴って感染症病床は削減され，保健所のネットワークも縮小されてきたのだ。一見合理的な対応だが，感染症急拡大があり得るという一部の専門家から指摘されていたリスクを過小評価してきた結果と言えよう。滅多に起きないリスクに備えて多数の感染症病床を用意しておくのは民間には不可能である以上，これは公共財の過少供給を意味する。

　また，リーマン危機では多数の派遣労働者が職を失ったが，コロナ危機でも職を失った人の大半は非正規雇用だった。今回の場合，学生アルバイトなど雇用保険の対象にもなっていない人たちが多かったのではないか。正社員（と農業や商店などの自営業者）中心の社会を前提に構築されてきた日本のセーフティーネットが非正規雇用の増加する時代に対応できていないことを改めて示してしまったと言えよう（酒井［2020］）。このように，総じてコロナ危機の経験は，保険供給者としての国家の役割を再認識させるものだったと理解できる。

　さらに，リーマン危機が主に金融機関やグローバル企業を襲ったのに対し，コロナ危機では中小の飲食・宿泊業などが最大の犠牲者となった。結果として，経済格差は一段と拡大する可能性が高い。シングルマザーの貧困といった問題もあり，現状でも日本の相対的貧困率は OECD 加盟国の中で上位に位置することなどを考えると，これ以上格差が拡大すれば欧米でのポピュリズム台頭のような政治的・社会的不安定化を招く懸念がある。政府は，所得分配の是正により積極的に取り組むべきではないか。

　もちろん，所得分配の是正が必要と訴えても，実際に是正が進むか否かは別問題である。ここで筆者が注目したいのは，コロナ禍を機に「エッセンシャル・ワーカー」という言葉が広まったことだ。各国で都市封鎖や移動制限が行われる中で，私たちの社会生活を支えているのは，テレワークに従事するホワイトカラーではなく，医療従事者を筆頭に，介護士，スーパーのレジ係，ゴミ収集係，トラックの運転手など，感染リスクに身を曝しながら命と暮らしを守る人であることが痛感された。同時に，こうしたエッセンシャル・ワーカーに社会が十分厚く報いていないと感じたのは筆者だけではないだろう。先にみたように，20世紀の中葉が所得平等化の時代だったのは，第2次大戦という総力戦に膨大な一般国民を動員した結果，彼らの要求に報いる必要があったためだ

と言われている。だとすれば，今回のエッセンシャル・ワーカーの「発見」は，所得再分配政策の強化への契機となり得るように思う。

（3）金融的国際資本移動には制限を

　一方，グローバル化の限界に関しては，経済分析の結果を踏まえた評価が必要である。まず，貿易や直接投資の自由化が多くの国に多大な便益をもたらしてきたことは，実証的にも繰り返し確認されている。それは，冷戦が終了して世界貿易がGDPを上回って拡大した時期に，中国だけでなく多くの新興国が急成長を遂げたという事実からも明らかだろう（今世紀初頭には，BRICsなど人口規模の大きな新興国の成長が世界の注目を集めた）。

　もちろん，今回のコロナ危機において，マスクや人工呼吸器だけでなく，医薬品原料についても世界が過度に中国に依存していることが明らかになったように，経済安全保障の観点を無視することはできない。また，国際貿易が一国全体を益するとしても，国際競争には必ず敗者が伴う。政府には，「長い目で見れば全員が利益を得る」といった安易なレトリックに頼るのではなく，所得再分配や職業再訓練に注力することが求められる。それでも，海外から供給される財やサービスなくして私たちの生活は成り立たないし，世界にはまだ貧困にあえぐ人々が数十億人の単位で残されている。米中対立の激化など環境は厳しさを増しているが，やはり多国間主義のルールに基づく貿易自由化の流れは今後とも維持していくべきだと考える。

　これに対し国際資本移動，とりわけ金融的な資本移動に関しては，理屈はともかくとして，それが各国の経済厚生を目立って高めたという実証分析は乏しい。事実，金融的な国際資本移動が経済厚生を高めるという見方の根拠となってきた効率的市場仮説は，行動経済学などによって厳しく批判されている（ノーベル経済学賞を受賞した行動経済学者 Thaler は，その自伝であるセーラー［2016］で一般に最も合理性が貫徹していると考えられたファイナンスの分野をあえて攻撃対象としたと述べている）。むしろ，1997年のアジア危機をはじめ，流動性危機をきっかけとした資本流出が新興国の経済危機を深刻化させた事例の方が目立つ。今回のコロナ危機でも，それに先立つ超金融緩和の中で新興国に膨大な資本が流入していたため，一時は新興国からの資本流出，新

興国通貨の下落が懸念された。幸い，FRBによる迅速なドル供給などで市場は落ち着きを取り戻したが，外貨準備が大幅に減少するなどのリスクを抱えた新興国は少なくない（大きな混乱には至らなかったが，アルゼンチンは20年5月に国債のデフォルトを経験した）。これまでのように先進国や国際機関が新興国に過度の資本自由化を求めることは自制すべきであろう（近年のIMFはcapital flow managementの名称で一定の資本規制を認める方向を舵を切っている）。

　以上をまとめてみると，コロナ後の経済政策の枠組みは，大恐慌から第2次大戦中（および現在のコロナ禍の下）のような強力な国家統制ではなく，また2000年代初頭をピークとした自由放任でもない，中道回帰への模索となることが予想される。筆者自身は，国家と市場のバランスやグローバル化の程度を1980年代以前に戻すことが望ましいと考えている。これは国民国家，民主主義，グローバル化の徹底の3つを同時に満たすことはできないという「世界経済の政治的トリレンマ」を指摘して注目を集めたダニ・ロドリック教授の主張（ロドリック[2013]）と大きく重なる。ポピュリズム台頭のリスクから国民国家と民主主義を守るには，グローバル化に制限を課すことが必要だと考えるからである。

（4）国家の課税能力の回復が前提

　こう考えると，ポスト・コロナ時代の政府には，マクロ経済安定や公共財の供給により積極的な役割を果す必要があると同時に，経済格差の是正にも努めることが求められる。そうなれば，当然それに見合った税制が必要となる。この点，過去30年余りの日本の税制の変遷を振り返ってみると，社会保障財源確保のために消費税の引き上げが繰り返される一方，所得税の最高税率や法人税率は引き下げられてきた。当初は「直間比率の是正」という言葉が多く使われたが，経済学的な建前としては，所得税率引き下げは勤労インセンティブを高め，法人税率引き下げは（二重課税の是正という原則論を別にすると）設備投資の増加に資するというものだろう。しかし現実には，富裕層への所得税率引き下げが勤労インセンティブを高める効果は確認されず，法人税率引き下げは（とくに近年では）設備投資よりも自社株買いを促す効果が大きいことが知ら

れている。本当の理由は，国際資本移動活発化の結果，富裕層による合法・非合法の節税や，法人税負担軽減のための企業の海外移転が増加しており，これを防ぐために，国際的な税率引き下げ競争が行われているということだろう（サエズ・ズックマン［2020］）まさに，国家の課税能力低下に伴う「底辺への競争」（race to the bottom）に他ならない。

　逆に言えば，政府がより積極的な役割を果たしていくためには，富裕層や企業に対する課税能力を回復することが重要な前提条件になる。そのためには，まず富裕層によるタックス・ヘイブンなどを利用した脱税・節税や，低税率国を利用した多国籍企業による租税回避を抑制することが求められる（志賀［2013］）。富裕層の脱税は「パナマ文書」で世界的に注目を集めたし，GAFA等のデジタル企業が複雑な租税回避スキームを利用して，驚くほど少額の税負担に止めている事実への批判が高まっていることも周知のとおりである。この点に関しては，OECDの租税委員会にBEPS（base erosion and profit sifting，同委員会の議長は浅川雅嗣元財務官が長年務めていた）というプロジェクトが設けられ，具体的な検討が進められている。こうした国際協力の成果に期待したい。さらに，一歩進んで法人税率引き下げ競争を抑制するための国際協調が必要ではないか。理論的には，国際資本移動に対する法人税率引き下げ競争は，国際貿易における関税引き上げ競争，国際金融における為替切り下げ競争と同じく，「囚人のジレンマ」ケースであり，主要国間には協調のインセンティブが存在するはずである。つい数年前までは，租税に関する国際協調など，ほとんど実現可能性のない夢物語のように考えられてきたが，上記BEPSプロジェクトの進展などを背景に，一定の現実性を持って議論できるような環境に変化しつつあることを強調しておきたい（諸富［2020］）。

┃ 参考文献 ┃

岡崎哲二・奥野正寛編［1993］『現代日本経済システムの源流』日本経済新聞社。
キンドルバーガー，チャールズ著，石崎昭彦・木村一朗訳［2009］『大不況下の世界1929〜1939』岩波書店。
サエズ，エマニュエル＆ズックマン，ガブリエル著，山田美明訳［2020］『つくられた格差―不公平税制が生んだ所得の不平等―』光文社。

酒井正［2020］『日本のセーフティーネット格差―労働市場の変容と社会保険―』慶應義塾
　大学出版会。

志賀櫻［2013］『タックス・ヘイブン―逃げていく税金―』岩波新書。

セーラー，リチャード著，遠藤真美訳［2016］『行動経済学の逆襲』早川書房。

野口悠紀雄［1995］『1940年体制―さらば戦時経済―』東洋経済新報社。

早川英男［2016］『金融政策の「誤解」―"壮大な実験" の成果と限界―』慶應義塾大学出版会。

早川英男［2020］「コロナショック下の金融と経済（第2回）―コロナ禍で変わる中央銀行
　の役割―」東京財団政策研究所サイト。

ピケティ，トマ著，山形浩生・守岡桜・森本正史訳［2014］『21世紀の資本』みすず書房。

諸富徹［2020］『グローバル・タックス―国境を超える課税権力―』岩波新書。

ヤーギン，ダニエル＆スタニスロー，ジョセフ著，山岡洋一訳［2001］『市場対国家（上・下）
　―世界を作り変える歴史的攻防―』日経ビジネス人文庫。

レイ，ランダル著，島倉原監訳，鈴木正徳訳［2019］『MMT 現代貨幣理論入門』東洋経済新
　報社。

ロドリック，ダニ著，柴田桂太・大川良文訳［2013］『グローバリゼーション・パラドクス
　―世界経済の未来を決める三つの道―』白水社。

Autor, David, Dorn, David and Gary Hansen [2013] "The China Syndrome : Local Labor
　Market Effects of Import Competition in the United States", *American Economic Re-*
　view, 103(6), 2121-2168.

Barro, Robert [1974] "Are Government Bonds Net Wealth?", *Journal of political Economy*,
　82(6), 1095-1117.

Barro, Robert [1979] "On the Determination of Public Debt", *Journal of political Economy*,
　87(5), 940-971.

Blanchard, Olivier [2019] "Public Debt and Low Interest Rates", *American Economic Re-*
　view, 109(4), 1197-1229.

Friedman, Milton [1968] "The Role of Monetary Policy", *American Economic Review*, 58(1),
　1-17.

Gali, Jordi [2008] *Monetary Policy, Inflation, and the Business Cycle : An Introduction to*
　New Keynesian Framework, Princeton University Press.

Gordon, Robert [2012] "Is U.S. Economic Growth Over?", *NBER Working Paper No. 18315*.

International Monetary Fund [2020] *Fiscal Monitor, October 2020*.

Krugman, Paul [1990] *Rethinking International Trade*, MIT Press.

Krugman, Paul [1998] "It's Baaack : Japan's Slump and the Return of Liquidity Trap",
　Brookings Paper on Economic Activity, 1998(2), 135-205.

Lucas, Robert and Sargent, Thomas (eds.) [1981] *Rational Expectations and Econometric*
　Practice, University of Minnesota Press.

Summers, Lawrence [2014] "U.S. Economic Prospects : Secular Stagnation, Hysteresis, and
　the Zero Lower Bounds", *Business Economics*, 49(2), 65-73.

Woodford, Michael [2003] *Interest and Prices*, Princeton University Press.

補助資料

　本書の議論を理解するうえで補助的な新型コロナに関する出来事，データ，用語などを整理した。項目は以下の通りで，石川貴幸氏（一橋大学大学院経済学研究科），増原広成氏（一橋大学大学院経済学研究科），柿埜真吾氏（学習院大学経済経営研究所客員研究員）が作業を担当し，宮川努が監修した。

1．新型コロナに関する事象（2021年2月中旬まで）（宮川，石川）
2．新型コロナ関連データ（石川，増原）
　　（1）検査陽性者数（感染者数）
　　（2）検査陽性率
　　（3）死者数
　　（4）Oxford Stringency Index
3．都道府県別データ（石川）
4．医療施設の国際比較（石川，増原）
5．マスク装着率（増原）
6．ミニ用語解説集（石川）
　　（1）改正新型インフルエンザ等対策特別措置法
　　（2）雇用調整助成金
　　（3）三密
　　（4）事業持続化給付金
　　（5）実効再生産数
　　（6）新型コロナウイルス感染症
　　（7）陽性率
　　（8）ECMO
　　（9）Go To トラベル
　　（10）ICU
　　（11）Oxford Stringency Index
7．スペイン風邪に関する若干の知識（柿埜）

1．新型コロナに関する事象（2021年2月中旬まで）

	国内	海外		国内	海外
2019年12月31日		WHO（世界保健機構）が，中国内の事務所から武漢市発生の原因不明の肺炎が発生している情報を受ける。	2月21日		韓国大邱の新興宗教団体で集団感染が発生。
2020年1月7日		中国，肺炎の病原体を「新型のコロナウイルスと特定」。	2月23日		イタリア　ロンバルディア州で欧州初の感染爆発が起きる。
1月11日		中国で新型コロナウイルス（以下コロナと呼ぶ）による初の死者。	2月27日	安倍首相が3月2日から春休みまで小中学校の一斉休校を要請。	
1月15日	国内初の感染者（武漢滞在歴あり）。		3月5日	中国の習近平国家主席の来日延期と中韓からの入国制限を発表。	
1月21日		米国で初の感染者発生。	3月6日	西村経済財政担当大臣が，新型コロナ対策の担当大臣となる。	
1月30日	政府がコロナの対策本部を設置。		3月7日		世界の感染者数が10万人を突破。
2月1日	コロナを指定感染症とする政令施行。		3月9日		イタリア全土でロックダウン開始。
2月5日	ダイヤモンドプリンセス号が横浜寄港（検疫は3日に開始）。		3月11日		WHOパンデミックを宣言。
2月8日		コロナによる死者数がSARS（重症急性呼吸器症候群）の死者を超える。	3月13日	新型コロナウイルス特別措置法（新型インフルエンザ等対策特別措置法を改正）が成立。	米国でトランプ大統領が「国家非常事態」を宣言。
2月11日		WHOが新型コロナウイルスをの正式名称をSARS-CoV-2，それによる病気を，COVID-19と命名。	3月15日		ドイツでロックダウン開始。
			3月17日		フランスでロックダウン開始。
			3月19日		カリフォルニアでロックダウン開始。
2月14日	政府がコロナ対策専門家会議を設置。	フランスで，アジア以外で初めての死者が発生。	3月22日		ニューヨークでロックダウン開始。

	国内	海外		国内	海外
3月23日		英国でロックダウン開始。EUは域内の移動や域外の入境を30日間制限。	5月25日	北海道と首都圏1都3県の緊急事態宣言解除。	
3月24日	東京オリンピックの1年延期が決定。	インドでロックダウン開始。	5月28日		米国の死者が10万人を超える。
3月25日	東京都が自粛要請。		6月18日	都道府県をまたぐ往来を緩和。	
3月26日	政府が特別措置法に基づく対策本部を設置。	米国の感染者数が世界最多となる。	6月24日	政府が専門家会議の発展的解消を公表。	
3月27日		英国首相感染。	6月28日		世界の感染者数が1,000万人を超える。
4月2日		世界の感染者数が100万人を超える。	7月1日	東京都の感染者が再び1日100人を超える。	
4月7日	7都府県で5月6日までの緊急事態宣言を発令。布マスクの1億枚配布を決定。		7月6日	新型コロナ対策分科会初会合。	
			7月7日		ブラジルボアソナロ大統領感染。
4月16日	緊急事態宣言を全国に拡大。所得補助について,「減収世帯の30万円」から「一律10万円」に方針転換。		7月9日	東京都の1人の感染者数が200人を超える。	
			7月22日	GoToトラベルキャンペーンが東京を除外して開始。	
4月30日	第1次補正予算成立。		7月29日	全国で新規感染者が1,000人を超える。	
5月1日	緊急事態宣言のおおむね1か月の延長を表明。	米国における死者がベトナム戦争の死者数を超える。		同意なしで「店舗公表」。	
5月4日	緊急事態宣言の全国一斉延長を決定。	イタリアでロックダウンを段階的に解除。	7月31日	東京都新規感染者が400人を超える。	
					英国版GoTo Eatが開始。
5月11日		英国及びフランスでのロックダウンが緩和される。	8月4日		フィリピン・マニラでロックダウン。
			8月5日		世界で死者70万人超える。
5月14日	39県の緊急事態宣言解除。		8月7日	政府分科会が4段階目安公表。沖縄で新規感染者が100人に。	インドの累計感染者200万人を超える。
5月21日	近畿3府県の緊急事態宣言解除。				

178

	国内	海外		国内	海外
8月9日		ブラジルの累計感染者300万人，死者10万人を超える。 アフリカの感染者が100万人を超える。	10月2日		トランプ大統領新型コロナウイルスに感染し入院。5日には退院。
			10月8日	日韓ビジネス往来再開。	
8月10日	国内累計感染者が5万人を超える。	米国感染者が500万人を超える。	10月15日	横浜スタジアムで人数緩和実証実験。	パリなどで夜間外出禁止。
8月11日		世界の感染者が2,000万人を突破。パキスタンは飲食店を再開。	10月16日		ハワイ観光再開。 タイで反政府デモ。 感染の再拡大によりロンドンで外出規制が再強化される。
8月20日	国内累計感染者が6万人を超える。 コロナワクチンの健康被害を国が賠償する方針へ。		10月19日		世界の感染者数が4,000万人を超える。
8月29日	安倍首相退陣を表明。		10月23日	新型コロナ専門家分科会年末年始の休暇分散化，長期化を提言。	
9月2日	国内累計感染者が7万人を超える。		10月29日	国内感染者10万人超える。	
9月15日	この日までにGoToトラベルで少なくとも延べ1,689万人が利用。		11月3日		米国大統領選挙。
			11月4日		米国新規感染者数10万人超。
9月16日	菅義偉氏総理大臣に就任。		11月5日		英国外出制限措置及び小売店営業禁止。
9月18日	日本シンガポール間での入国制限措置緩和。	世界の感染者数が3,000万人超える。	11月6日	ハワイ渡航，隔離免除。	イタリア夜間外出制限。
9月23日	国内累計感染者が8万人を超える。	米国の死者数が20万人を超える。 新型コロナウイルスによる死者数が100万人を超える。 NY飲食店再開。	11月9日		世界感染者数5,000万人突破。
			11月11日	国内新規感染者1,500人超える。 札幌ススキノ時短要請。	
10月1日	GoToトラベルキャンペーンに東京も含まれる。同時にGoTo Eatキャンペーンも開始。 外国人入国制限一部緩和。		11月16日		米モデルナのワクチンの有効性94.5％と発表。

	国内	海外		国内	海外
11月17日	GoTo Eat を 4 人以下へ。 札幌で外出自粛要請（札幌警戒ステージ4）。		12月2日		米食品医薬品局がモデルナ社ワクチンを緊急使用許可。 英国がファイザーワクチンを承認。
11月19日	東京都新規感染者500人突破。 大学に対面授業実施を要請。 東京で GoTo Eat 食事券開始。				米国で1日死者数過去最高の2,804人。 英国で小売店営業再開。
			12月3日	大阪15日まで外出自粛要請。 GoTo トラベル来年6月まで延長。	
11月23日	札幌・大阪 GoTo 受け入れ一時中止。	英アストラゼネカがワクチン有効性70％を発表。 カナダトロントでロックダウン。 イタリア死者5万人超。	12月4日	新橋に2,900円PCR検査開業。	世界死者数150万人突破。 サンフランシスコ外出制限命令。
11月24日	東京で重症者数が50人突破。 大阪一部エリアで時短要請。	韓国で第3波。	12月5日		ロシアワクチン「スプートニクV」の接種開始。
11月27日	10都道府県で GoTo 食事券販売停止。 札幌・大阪への出発を控えるよう発表。		12月7日	北海道・大阪に自衛隊派遣。 一週間の死者数が200人突破。	英国でワクチン接種開始。
			12月10日	東京都新規感染者600人超える。	
11月28日	東京都で時短営業および外出自粛要請 東京累計4万人突破。	パリで13万人以上が参加する治安関連法案へのデモ。	12月11日		米国で米ファイザーと独ヴィオンテックのワクチンを緊急承認。
			12月12日	新規感染者3,000人超え。	
12月1日	都は重傷者病床200床を用意へ。 国内累計15万人突破。 高齢者対象に東京発着の GoTo 自粛要請。		12月14日		米国で死者30万人突破およびワクチン接種開始。選挙人投票によりバイデン氏が次期大統領に選出される。
			12月16日	名古屋 GoTo 停止。	ドイツ，ロックダウン。

180

	国内	海外		国内	海外
12月18日	GoTo 東京除外，米ファイザーと独ヴィオンテックのワクチンを日本で承認申請。	米モデルナのワクチン承認。	1月29日		EUがEU域内で製造されたワクチンの域外輸出を規制。
12月20日		英国で感染力が強い変異種による感染拡大。	2月3日	新型インフルエンザ等特別措置法等の一部を改正する法律が成立。これにより「まん延防止措置等重点措置」が創設される。	
12月28日	GoTo 停止。				
2021年1月6日	新規感染者数が6,000人を超える。				
1月7日	2度目の緊急事態宣言を4都県に発出。その後13日に11都府県に拡大。		2月8日	栃木県の緊急事態宣言は解除。	
1月27日		世界感染者数が1億人を突破。	2月14日	米ファイザー社のワクチンを特例承認。15日から医療従事者に接種。	

２．新型コロナ関連データ

（１）検査陽性者数（感染者数）（人）

	2020年3月末	6月末	9月末	2021年1月末		2020年3月末	6月末	9月末	2021年1月末
アルゼンチン	1,054	64,530	751,001	1,927,239	イタリア	105,792	240,578	314,861	2,553,032
オーストラリア	4,559	7,920	27,096	28,818	日本	2,255	18,615	83,591	390,166
オーストリア	10,180	17,766	44,813	414,398	韓国	9,786	12,850	23,889	78,508
ベルギー	12,775	61,427	118,452	710,153	ラトヴィア	398	1,118	1,824	66,241
ブラジル	8,527	106,097	161,107	9,204,731	リトアニア	537	1,817	4,693	182,543
ブルガリア	399	4,989	20,833	218,748	メキシコ	1,215	226,089	743,216	1,864,260
カナダ	8,527	106,097	161,107	783,695	オランダ	12,667	50,483	125,988	992,075
チリ	2,844	279,393	462,991	727,109	ニュージーランド	647	1,528	1,848	2,304
中国	82,279	84,785	90,545	100,063	ノルウェー	4,641	8,879	14,027	62,966
コロンビア	906	97,846	829,679	2,094,884	ポーランド	2,311	34,393	91,514	1,513,385
コスタリカ	347	3,459	75,760	193,276	ポルトガル	7,443	42,141	75,542	720,516
チェコ	3,308	11,954	70,763	984,774	ルーマニア	2,245	26,970	127,572	728,743
デンマーク	3,039	12,968	28,479	199,156	ロシア	2,337	646,929	1,170,799	3,808,348
エストニア	745	1,989	3,371	44,208	サウジアラビア	1,563	190,823	334,605	368,074
フィンランド	1,418	7,214	9,992	45,238	スロバキア	363	1,667	10,141	249,913
フランス	52,278	204,244	605,893	3,255,920	スロベニア	802	1,600	5,690	166,473
ドイツ	71,808	195,418	292,913	2,225,659	南アフリカ	1,353	151,209	674,339	1,453,761
ギリシア	1,314	3,409	18,475	156,957	スペイン	95,923	249,271	769,188	2,743,119
ハンガリー	492	4,155	26,461	367,586	スウェーデン	4,834	67,924	92,863	566,957
インド	1,397	585,481	6,312,584	10,757,610	スイス	16,605	31,714	53,282	521,320
インドネシア	1,528	56,385	287,008	1,078,314	トルコ	13,531	199,906	318,663	2,477,463
アイルランド	3,235	25,473	36,155	196,547	英国	38,815	285,216	455,846	3,828,183
イスラエル	5,717	25,438	247,411	643,435	米国	192,177	2,637,371	7,219,993	26,186,781

出所：Our world in Data：https://ourworldindata.org/coronavirus-testing

（2）検査陽性率（％）

	2020年3月末	2021年1月末		2020年3月末	2021年1月末
オーストラリア	3.40	N.A.	韓国	1.20	1.10
ベルギー	28.00	5.50	ラトヴィア	3.30	7.90
カナダ	4.90	7.30	リトアニア	4.40	9.90
チリ	6.70	7.70	メキシコ	17.40	36.30
コロンビア	N.A.	18.30	オランダ	29.20	10.30
チェコ	5.80	13.30	ノルウェー	9.10	1.50
エストニア	4.30	10.50	ポーランド	N.A.	13.70
フィンランド	6.50	2.50	ポルトガル	10.60	20.20
フランス	N.A.	6.70	スロバキア	3.40	2.20
ドイツ	8.70	8.50	スロベニア	4.20	8.00
ギリシャ	7.50	2.40	スペイン	N.A.	14.00
ハンガリー	3.80	7.50	スウェーデン	N.A.	10.00
アイルランド	12.50	6.60	スイス	18.40	7.90
イスラエル	9.40	9.30	トルコ	N.A.	4.20
イタリア	17.40	5.00	英国	N.A.	3.80
日本	11.00	5.50	米国	13.20	12.10

注：米国の数値は12月末
出所：（1）に同じ。

（3）死者数（人）

	2020年3月末	6月末	9月末	2021年1月末		2020年3月末	6月末	9月末	2021年1月末
アルゼンチン	27	1,307	16,937	47,974	イタリア	12,428	34,767	35,894	88,516
オーストラリア	18	104	888	909	日本	67	972	1,575	5,753
オーストリア	128	705	799	7,721	韓国	162	282	415	1,425
ベルギー	705	9,747	10,016	21,092	ラトヴィア	0	30	37	1,195
ブラジル	201	59,594	143,952	224,504	リトアニア	8	78	92	2,808
ブルガリア	8	230	825	9,045	メキシコ	29	27,769	77,646	158,536
カナダ	101	8,650	9,346	20,041	オランダ	1,040	6,132	6,457	14,108
チリ	12	5,688	12,741	18,452	ニュージーランド	1	22	25	25
中国	3,309	4,641	4,739	4,817	ノルウェー	39	250	274	564
コロンビア	16	3,334	25,998	53,983	ポーランド	33	1,463	2,513	37,180
コスタリカ	2	16	904	2,604	ポルトガル	160	1,576	1,971	12,482
チェコ	31	349	655	16,308	ルーマニア	82	1,651	4,825	18,335
デンマーク	90	605	650	2,126	ロシア	17	9,306	20,630	72,029
エストニア	4	69	64	419	サウジアラビア	10	1,649	4,768	6,375
フィンランド	17	328	344	671	スロバキア	0	28	48	4,642
フランス	3,526	29,846	31,978	76,201	スロベニア	15	111	150	3,503
ドイツ	775	8,990	9,495	57,163	南アフリカ	5	2,657	16,734	44,164
ギリシア	49	192	391	5,796	スペイン	8,464	28,355	31,791	58,319
ハンガリー	16	585	765	12,524	スウェーデン	385	5,515	5,893	11,591
インド	35	17,400	98,678	154,392	スイス	433	1,963	2,074	9,381
インドネシア	136	2,876	10,740	29,998	トルコ	214	5,131	8,195	25,993
アイルランド	71	1,736	1,804	3,307	英国	2,457	40,479	42,233	106,367
イスラエル	21	327	1,604	4,796	米国	5,278	127,831	207,227	442,770

出所：（1）に同じ。

（4）Oxford Stringency Index

	2020年3月末	6月末	9月末	2021年1月末		2020年3月末	6月末	9月末	2021年1月末
オーストラリア	71.30	52.13	68.06	78.24	日本	40.74	25.93	29.63	49.54
オーストリア	81.48	47.22	40.74	78.70	韓国	75.93	53.24	54.63	63.89
ベルギー	81.48	51.85	47.22	60.19	ラトヴィア	69.44	50.00	37.04	57.41
カナダ	72.69	68.98	60.65	75.46	リトアニア	81.48	25.93	28.70	70.37
チリ	73.15	78.24	81.94	79.17	メキシコ	82.41	70.83	73.61	73.15
コロンビア	87.96	87.04	71.30	81.02	オランダ	79.63	59.26	62.04	87.96
チェコ	82.41	37.50	38.89	72.22	ニュージーランド	96.30	22.22	31.94	22.22
デンマーク	72.22	57.41	50.93	66.67	ノルウェー	79.63	40.74	32.41	73.15
エストニア	77.78	28.70	25.93	42.59	ポーランド	81.48	50.93	23.15	71.30
フィンランド	67.59	35.19	32.41	52.31	ポルトガル	82.41	72.69	58.80	78.70
フランス	87.96	51.85	49.54	63.89	スロバキア	75.00	37.96	31.48	73.15
ドイツ	76.85	63.43	49.54	83.33	スロベニア	89.81	39.81	50.00	68.52
ギリシャ	84.26	40.74	50.46	80.56	スペイン	85.19	41.20	60.65	71.30
ハンガリー	76.85	54.63	40.74	72.22	スウェーデン	53.70	59.26	55.56	69.44
アイスランド	53.70	39.81	37.96	44.44	スイス	73.15	35.19	43.06	60.19
アイルランド	85.19	38.89	52.31	87.96	トルコ	75.93	63.89	69.91	70.83
イスラエル	81.48	69.44	85.19	81.02	英国	79.63	71.30	67.59	86.11
イタリア	91.67	55.56	47.22	78.70	米国	72.69	68.98	62.50	71.76

注：Oxford Stringency Index の意味についてはミニ用語解説を参照されたい。

３．都道府県別データ

	2020年6月末		2021年1月末				2020年6月末		2021年1月末		
	累計検査陽性者数	累計死者数	累計検査陽性者数	累計死者数	現在検査陽性者数		累計検査陽性者数	累計死者数	累計検査陽性者数	累計死者数	現在検査陽性者数
全　国　計	18,276	973	387,318	5,723	49,562	三　重	46	1	2,188	29	374
北海道	1,263	99	17,445	602	1,364	滋　賀	101	1	2,123	30	294
青　森	27	1	717	13	58	京　都	379	18	8,200	112	1,296
岩　手	0	0	496	27	20	大　阪	1,833	86	43,722	926	4,927
宮　城	94	1	3,397	22	315	兵　庫	706	45	16,466	402	1,888
秋　田	16	0	261	1	48	奈　良	92	2	3,034	38	308
山　形	69	0	503	13	56	和歌山	64	3	1,063	14	115
福　島	82	0	1,727	44	243	鳥　取	3	0	198	2	32
茨　城	174	10	4,818	62	750	島　根	24	0	268	0	27
栃　木	76	0	3,771	46	510	岡　山	26	0	2,338	20	305
群　馬	153	19	3,867	69	356	広　島	168	3	4,801	92	351
埼　玉	1,132	65	25,191	350	4,308	山　口	37	0	1,235	21	325
千　葉	960	45	22,316	250	5,803	徳　島	6	1	385	14	61
東　京	6,225	325	99,841	886	13,257	香　川	28	0	645	15	153
神奈川	1,502	96	40,764	467	3,161	愛　媛	82	4	993	18	123
新　潟	84	0	910	9	133	高　知	74	3	847	14	35
富　山	227	22	870	27	48	福　岡	846	33	16,176	187	2,466
石　川	300	27	1,462	58	81	佐　賀	47	0	951	4	109
福　井	122	8	514	19	67	長　崎	17	1	1,474	27	248
山　梨	74	1	898	13	45	熊　本	49	3	3,339	61	368
長　野	77	0	2,288	36	173	大　分	60	1	1,158	17	181
岐　阜	156	7	4,216	69	459	宮　崎	17	0	1,808	17	220
静　岡	81	1	4,585	76	655	鹿児島	11	0	1,598	18	186
愛　知	524	34	23,901	396	2,491	沖　縄	142	7	7,550	90	769

出所：東洋経済オンライン編集部　新型コロナウイルス国内感染の状況（荻原和樹氏制作）による。

4．医療施設の国際比較

国名	人口1,000人当たりの病床数	人口10万人当たりのICU-CCB数	国名	人口1,000人当たりの病床数	人口10万人当たりのICU-CCB数
オーストリア	7.37	21.80	ラトビア	5.57	9.70
ベルギー	5.66	15.90	リトアニア	6.56	15.50
カナダ	2.53	13.50	ルクセンブルク	4.66	24.80
中国	4.31	3.60	メキシコ	0.99	1.20
コロンビア	1.70	11.69	オランダ	3.28	6.40
チェコ	6.63	11.60	ニュージーランド	2.73	4.60
デンマーク	2.61	6.70	ノルウェー	3.60	8.00
エストニア	4.69	14.60	ポーランド	6.62	6.90
フィンランド	3.28	6.10	ポルトガル	3.39	4.20
フランス	5.98	11.60	ロシア	8.05	8.30
ドイツ	8.00	38.70	スロバキア	5.82	9.20
ギリシャ	4.21	9.50	スロベニア	4.50	6.40
ハンガリー	7.02	13.80	スペイン	2.97	9.70
アイスランド	3.06	9.10	スウェーデン	2.21	5.80
インド	0.53	5.20	スイス	4.65	11.00
イタリア	3.18	12.50	トルコ	2.81	46.50
日本	13.05	13.50	英国	2.54	6.60
韓国	12.27	10.60	米国	2.87	29.40

注：人口1,000人当たりの ICU－CCB 数は2017年の値。
出所：OECD［2019］Health at Glance，厚生労働省「ICU 等の病床に関する国際比較について」など
　　　から作成。

5．マスク装着率（%）（2020年）

	1－3月期	4－6月期	7－9月期	10月から最新期
オーストラリア	20	21		
カナダ	16	60	48	86
中国	83	82	81	82
デンマーク	2	4	37	73
フィンランド	2	7	22	56
フランス	22	78	77	81
ドイツ	7	64	62	72
インド	65	82	83	79
インドネシア	71	85	85	83
イタリア	70	81	88	86
日本	67	86		
スペイン	42	86	89	87
スウェーデン	1	6	7	15
英国	6	31	76	76
米国	17	71	78	80

注：数値は各四半期の中で最も遅い日のマスク装着率である。オーストラリアと日本は夏以降のデータは公表されていない。

出所：COVID-19 Public Monitor | YouGov.（https://today.yougov.com/covid-19）

6．ミニ用語解説集

改正新型インフルエンザ等対策特別措置法（新型コロナウイルス感染症対策特別措置法）

　2020年3月13日両院で可決，同日公布，翌14日施行。「新型インフルエンザ等対策特別措置法の一部を改正する法律」では，「新型インフルエンザ等対策特別措置法」に新型コロナウイルス感染症を暫定処置として追加した。第1条の二で「新型コロナウイルス感染症に関する特例」が追加されこの暫定措置は施行日から最大2年間と定められている。これにより第32条で定める緊急事態宣言を行うことが可能となった。ただし，第45条に定める緊急事態措置では強制的に罰則を有する都市封鎖を行うことはできない。また本法案と同時に「新型インフルエンザ等対策特別措置法の一部を改正する法律案に対する附帯決議」が両院で決議されている。この改正法では，知事は「要請」しかできず，また保障や罰則がないなどの問題点からさらなる改正が必要であった。そこで2021年2月3日に「新型インフルエンザ等対策特別措置法等の一部を改正する法律」が成立し，一部を除き同年2月13日に施行された（全面

施行は同年 4 月 1 日）。新たな改正法では，「まん延防止等重点措置」の創設が行われ，事業者の営業活動の短縮・休業の命令，感染者に対しての入院命令等が可能になった。

雇用調整助成金

労働者の失業を阻止するために，企業が事業活動を縮小する過程で生じる休業や教育訓練，他の事業所への出向に関して経済的支援を行う。管轄は厚生労働省であり，雇用保険法第62条の安定雇用事業である。申請するためには雇用に直結する生産額（量）や販売額（量）といった生産指標が前年同月比で低下していることなどが必要。新型コロナウイルス感染症の拡大により，2020年 4 月 1 日から緊急事態宣言解除後の翌月末まで新型コロナ特例措置が施行され，助成率の引き上げなどが行われた。新型コロナ特例措置による支給決定額は12月第 1 週までで累計 2 兆3,500億円である。

三密

正式には「3つの密」のことで「密閉（Closed）」「密集（Crowded）」「密接（Close-contact）」を指す。英語圏では頭文字をとり 3 Cs と呼ばれる。3 月18日に首相官邸公式 Twitter で「換気の悪い密閉空間」「多数が集まる密集場所」「間近で会話や発生をする密接場面」を避けるようにアナウンス。翌19日に「密を避けて外出」となり，のちに「3つの密」に変更された。認知度は低かったが，小池百合子東京都知事が25日に行った記者会見で広まった。

事業持続化給付金

新型コロナウイルス感染症による経済的影響への緊急経済支援策として施行された，中小法人や個人事業主への支援事業である。2020年 5 月 1 日より実施されている。新型コロナウイルス感染症の影響により2020年 1 月以降，前年同月比で事業収入が50％以上減少した月がある等の条件を満たす場合，中小法人には最大200万円，個人事業主には最大100万円が現金で支給される。12月 7 日までに累計約 5 兆円が支給されている。

実効再生産数

すでに感染が広がっている状態において，一人の患者が平均して何人に感染させるかを表す指標で R_t で表される。もし $R_t > 1$ であれば感染拡大局面であり，$R_t < 1$ であれば感染収束局面であるといえる。東洋経済オンラインによれば，日本では 4 月 3 日に2.27，7 月 4 日に1.86，12月 1 日に1.04を記録している。東洋経済オンラインで公表されている実効再生産数は，簡易的なものでもあり，

$$R_t = \left(\frac{I_t}{I_{t-1}}\right)^{\frac{d}{D}}$$

で計算される。ここでI_tは直近7日間の新規陽性者数，I_{t-1}はその前の7日間の新規陽性者数，dは平均世代時間（感染源の感染から2次感染までに要する時間），Dは報告間隔である。なお，東洋経済オンラインで計算されている実効再生産数は西浦博・北海道大学教授の監修のもとに$d=5$，$D=7$が用いられている。類似したものに病原菌自体の感染力の強さを表す基本再生産数（R_0）があるが，これは「免疫を持っていない集団内において1人の感染者が次に平均的に何人にうつすか」を意味するものであり，実効再生産数とは異なった指標である。

新型コロナウイルス感染症

国際正式名称COVID-19。SARSコロナウイルス2（Severe Acute Respiratory Syndrome Coronavirus 2：SARS-CoV-2）によって引き起こされる気道感染症の一種。ニドウイルス目コロナウイルス科（コウモリ由来）のウイルスである。2019年12月31日に中華人民共和国湖北省武漢市で新型肺炎として確認された。

陽性率

陽性判明数をPCR検査数や抗原検査数の合計で除して計算される。PCR判定だけによる陽性率もある。

ECMO

Extracorporeal Membrane Oxygenationの略語。体外式膜型人工肺のことで，「人工肺とポンプによる体外循環による治療」の施術体系を指しており，特定の医療機器を指す固有名詞ではない。根本的治療ではなく，臓器回復のための一時的な延命処置である。循環器不全や呼吸不全に於いて用いられる静脈脱血―動脈送血（VA-ECMO）がある。これは経皮的心肺補助（PCPS）とほぼ同義である。一方で，循環補助を必要としない重度呼吸不全には，静脈脱血―静脈送血（VV-ECMO）が用いられる。また動脈と静脈に送血するVVA-ECMOもある。合併症としてくも膜下出血や脳梗塞のリスクがある。

Go To トラベル

宿泊を伴う，または日帰りの国内旅行の代金総額2分の1に相当する額を国が支援する事業。給付額のうち7割は旅行代金割引に，3割は旅行先において使える地域共通クーポンとして付与される。2020年7月22日出発分からは旅行代金割引のみが，同年10月1日出発分からは代金割引に加え地域共通クーポンが付与される。7泊分までを支援対象としており，最大14万円が支援される。当初は感染者の増加が発生していた東京は除外されたが，同年10月23日予約分より適用された。同年11月23日より札幌市と大阪市が，同年12月14日から名古屋市が，同月18日から東京がそれぞれ同月27日まで除外された。また同年12月28日から翌年1月11日まで全国一斉に停

止されることが12月14日に発表された。

ICU

　集中治療室のことで Intensive Care Unit の略。日本集中治療医学会において「集中治療のために濃密な診療体制とモニタリング用機器，ならびに生命維持装置などの高度の診療機器を整備した診療単位」と定義されている。診療報酬の加算日数が14日までで患者2人に対して看護師1を配置する必要がある。ただし，疾患に関しては特に定めはない。一方で患者4人に対して看護師を1人配置する，一般病床よりも難しく，ICUほどではない患者を対応する高度治療室（High Care Unit）と呼ばれるものもある。なお HCU の保険加算日数は21日である。

Oxford Stringency Index

　英オックスフォード大学が各国政府のコロナ対応の厳格さを数値化して算出した指数。封じ込め指標として学校・職場の閉鎖，公共的なイベントの中止や移動手段の閉鎖，域内外等の外出制限がある。また経済的指標として収入支援や住宅債務への支援，公衆衛生指標として公的な情報開示や検査方針，接触者追跡などがある。上記指標の加重平均としてこの指数が算出される。

7．スペイン風邪に関する若干の知識

　コロナ禍は，約百年前のスペイン風邪（スペイン・インフルエンザ）としばしば比較される。スペイン風邪とは1918年から1920年にかけて猛威を振るったインフルエンザで，推計に幅があるが，感染者数は世界人口の3分の1を超え，2千万人～1億人近く（世界人口の約1～5％）の命を奪ったとされる（クロスビー［2009］等）。これは第1次世界大戦の死者1千万人を遥かに超える数字である。日本でも約半数の国民が感染し，当時の報告で約38万人，推計では45－48万人（人口の0.8～0.9％）の死者を出している（速水［2006］等）。

　諸説あるが，スペイン風邪の起源は1918年春の米国とするのが通説である。当時の米国は第1次世界大戦に参戦中で，士気低下を懸念したウィルソン大統領は情報を隠蔽し，感染者が出た基地の部隊を欧州に派遣し続けた。欧州でも参戦国では報道統制で被害は報道されなかった。戦時下の報道統制，軍隊の移動，劣悪な衛生環境は感染拡大を招いた可能性が高い。1918年3月末に最初にスペインでの大流行が報じられたため，「スペイン風邪」の名称が定着したが，

これはスペインが中立国で報道統制がなかったからに過ぎない。

　1918年春の第1波の流行の被害は小さかったが，1918年秋からの第2波は強毒化して多くの死者を出し，1919年冬の第3波も相当な被害を記録した。日本でも1918年春から夏までの被害は軽微だったが，1918年秋−1919年春の「前流行」と1919年末−1920年春の「後流行」の被害は大きく，1920年末から1921年春にも流行が再発した。最大の死者を出した地域は1千5百万人以上（人口の5〜6％）が死亡したインドで，中国や米国も死者数が多い。死亡率では人口の約2割が死亡した西サモア等の被害が大きい。高齢者の死亡率が高い通常のインフルエンザと比べ，スペイン風邪は若い世代の死亡率が高かった点に特徴がある。

　Barro *et al.* [2020] の推計によれば，スペイン風邪の流行は実質GDPを6％，消費を8％減少させたが，軍需拡大のため，多くの国では実際の景気への影響は小さかった。とはいえ，途上国の被害は大きく，教育や所得への長期的影響を主張する研究も少なくない。

　現代ではスペイン風邪の原因はA型インフルエンザ（H1N1亜型）であることが明らかになっているが，ウイルスの存在自体が未知だった当時の主な対策は，人混みを避ける行動の奨励や大規模集会禁止，娯楽施設や学校の閉鎖，マスク等，われわれにもなじみ深い公衆衛生的介入だった。その効果には諸説あるが，スペイン風邪が被害地域の経済に長期的打撃を与えた一方，早期に厳格な対策をとった都市では死亡率が低く，雇用も維持されたとする研究もある（Correia *et al.* [2020]）。感染対策や経済活動の制限の是非については当時も激しい論争があった。スペイン風邪以降，日本ではマスク着用が普及したが（内務省衛生局編 [2008]），米国では当時もマスク反対運動が盛んで対策は難航し（クロスビー [2009]），未だにマスクへの反対は根強い。スペイン風邪は現代にも長い影を投げかけている。

｜主要参考文献｜

Barro, R. J., Ursúa, J. F., and Weng, J. [2020] "The coronavirus and the great influenza pandemic : Lessons from the "spanish flu" for the coronavirus's potential effects on mortality and economic activity," (No. w26866). National Bureau of Economic Research.

Correia, S., Luck, S., and Verner, E. [2020] "Pandemics depress the economy, public health interventions do not : Evidence from the 1918 flu," (June 5, 2020). Available at SSRN : https://ssrn.com/abstract=3561560

速水融 [2006]『日本を襲ったスペイン・インフルエンザ』藤原書店。

内務省衛生局編 [2008]『流行性感冒「スペイン風邪」大流行の記録』（初版1922年，翻刻）東洋文庫。

クロスビー，A・W.，西村秀一訳・解説 [2009]『史上最悪のインフルエンザ　忘れられたパンデミック（新装版）』（初版2004年）みすず書房。

[編著者紹介]

宮川 努（みやがわ つとむ）　　　　　　　　　　　　編集，第1章，第4章
学習院大学経済学部教授。博士（経済学，一橋大学）。
東京大学経済学部卒業，日本開発銀行（現日本政策投資銀行），一橋大学経済研究所
を経て現職。専攻はマクロ経済学，日本経済論。
主著に，*Intangibles, Market failure, and Economic Performance*（A.Bounfour 教授
との共編，2015年，Springer），『ベーシック＋日本経済論（第2版）』（細野薫氏，細
谷圭氏，川上淳之氏との共著，2021年，中央経済社），『生産性とは何か』（2018年，
ちくま新書）等がある。

[執筆者紹介]

増原 宏明（ますはら ひろあき）　　　　　　　　　　　　　　　　第2章
信州大学経法学部教授。博士（経済学，一橋大学）。
主著に，"Impact of Future Design on Workshop Participants' Time Preferences,"
Sustainability, 12(18), 7796, 2020（共著），"Identifying Finite Mixture Models in the
Presence of Moment-Generating Function : Application in Medical Care Using a
Zero-Inflated Binomial Model," *Economics Bulletin*, 39(2), 1529-1537, 2019, 『医療経
済学15講』（共著，2018年，新世社）等がある。

細谷 圭（ほそや けい）　　　　　　　　　　　　　　　　　　　第2章
國學院大學経済学部教授。博士（経済学，一橋大学）。
主著に，"Importance of a Victim-Oriented Recovery Policy after Major Disasters,"
Economic Modelling, 78, 1-10, 2019, "Accounting for Growth Disparity : Lucas's
Framework Revisited," *Review of Development Economics*, 21(3), 874-887, 2017,
『ベーシック＋日本経済論（第2版）』（共著，2021年，中央経済社）等がある。

細野 薫（ほその かおる）　　　　　　　　　　　　　　　　　　第3章
学習院大学経済学部教授。博士（経済学，一橋大学）。
主著に，『金融危機のミクロ経済分析』2010年，東京大学出版会（第53回日経・経済
図書文化賞受賞），Natural Disasters, Damage to Banks, and Firm Investment（共著，
International Economic Review : 57(4), 1335-1370, 2016）等がある。最近の論文は，
https://sites.google.com/site/hosonokaoruj/home/research を参照。

落合　勝昭（おちあい　かつあき）　　　　　　　　　　　　第4章

日本経済研究センター　特任研究員。
主著に，『グラフィック　環境経済学』（共著，2015年，新世社），「日本経済研究センターCGE モデルによる CO_2 削減中期目標の分析」『環境経済・政策研究』Vol. 3　pp.31-42（共著，2010年）。

川崎　一泰（かわさき　かずやす）　　　　　　　　　　　　第4章

中央大学総合政策学部教授。博士（経済学，法政大学）。
主著に，『地域再生の失敗学』（共著，2016年，光文社），『官民連携の地域再生』（2013年，勁草書房）。

徳井　丞次（とくい　じょうじ）　　　　　　　　　　　　　第4章

信州大学経法学部教授。
主著に，*Regional Inequality and Industrial Structure in Japan 1874-2008*（共著，Maruzen Publishing Co., Ltd.），2015.『日本の地域別生産性と格差　R-JIP データベースによる産業別分析』（編著，2018年，東京大学出版会）。

権　赫旭（くぉん　ひょっくうっく）　　　　　　　　　　　第5章

日本大学経済学部教授。博士（経済学，一橋大学）。
専攻は生産性分析，産業組織論。
主著に，"Resource Reallocation and Zombie Lending in Japan in the 1990s" *Review of Economic Dynamics*（共著，2015年）"R&D, Foreign Ownership, and Corporate Groups : Evidence from Japanese Firms," *Research Policy*（共著，2018年）。

金　榮愨（きむ　よんがく）　　　　　　　　　　　　　　　第5章

専修大学経済学部教授。博士（経済学，一橋大学）。
専攻は生産性分析，産業組織論。
主著に，"Why Was Japan Left Behind in the ICT Revolution?" *Telecommunications Policy*（共著，2016年）"Innovation and Employment Growth in Japan : Analysis Based on Microdata from the Basic Survey of Japanese Business Structure and Activities," *The Japanese Economic Review*（共著，2017年）。

宮川　大介（みやかわ　だいすけ）　　　　　　　　　　　第6章

一橋大学大学院経営管理研究科准教授。カリフォルニア大学ロサンゼルス校（UCLA）Ph.D. in economics。

日本政策投資銀行，ハーバード大学などを経て現職。

主著に，Miyakawa, D., Koki Oikawa, and K. Ueda [2020], "Firm Exit during the COVID‒19 Pandemic : Evidence from Japan". Forthcoming at *Journal of the Japanese and International Economies*, T. Uchino, M. Hazama, A. Ono, H. Uchida, and I. Uesugi [2016], "Natural Disasters, Damage to Banks, and Firm Investment," *International Economic Review* 57(4) : 1335-1370.

川上　淳之（かわかみ　あつし）　　　　　　　　　　　　第7章

東洋大学経済学部准教授。博士（経済学，学習院大学）。

学習院大学経済学研究科博士後期課程単位取得退学，帝京大学経済学部准教授を経て現職。専攻は労働経済学，産業組織論。

主著に，『ベーシック＋日本経済論（第2版）』（共著，2021年，中央経済社），『「副業」の研究』（2021年，慶應義塾大学出版会），「誰が副業を持っているのか？―インターネット調査を用いた副業保有の実証分析」『日本労働研究雑誌』（No. 680, pp.102-119）等がある。

滝澤　美帆（たきざわ　みほ）　　　　　　　　　　　　　第8章

学習院大学経済学部教授。博士（経済学，一橋大学）。

主著に，『グラフィック　マクロ経済学（第2版）』（宮川努氏と共著，2011年，新世社），「資金制約下にある企業の無形資産投資と企業価値」宮川努氏・淺羽茂氏・細野薫氏編『インタンジブルズ・エコノミー』（2016年，東京大学出版会）

早川　英男（はやかわ　ひでお）　　　　　　　　　　　　第9章

東京財団政策研究所上席研究員。

主著に，『金融政策の「誤解」』（2016年，慶應義塾大学出版会），『激論マイナス金利政策』（共著，2016年，日本経済新聞出版社）。

コロナショックの経済学

2021年4月25日　第1版第1刷発行

編著者　宮　　川　　　　　努

発行者　山　　本　　　　　継

発行所　㈱中　央　経　済　社

発売元　㈱中央経済グループ
　　　　パ ブ リ ッ シ ン グ

〒101-0051　東京都千代田区神田神保町1-31-2
電話　03 (3293) 3371 (編集代表)
03 (3293) 3381 (営業代表)
https://www.chuokeizai.co.jp
印刷／昭和情報プロセス㈱
製本／有 井 上 製 本 所

©2021
Printed in Japan

ISBN978-4-502-38591-9　C3033